데리다가 들려주는

해체 이야기

데리다가 들려주는

해체 이야기

ⓒ 서정욱, 2007

초판 1쇄 발행일 2007년 6월 27일
초판 11쇄 발행일 2024년 8월 1일

지은이   서정욱
그림   김정진
펴낸이   정은영

펴낸곳   (주)자음과모음
출판등록   2001년 11월 28일 제2001-000259호
주소   10881 경기도 파주시 회동길 325-20
전화   편집부 (02)324-2347 경영지원부 (02)325-6047
팩스   편집부 (02)324-2348 경영지원부 (02)2648-1311
e-mail   jamoteen@jamobook.com

ISBN 978-89-544-1973-4 (64100)

데리다가 들려주는

해체 이야기

서정욱 지음

|주|자음과모음

여러분, 여러분은 이제 저와 함께 철학 여행을 떠나게 됩니다. 여러분은 철학이 무엇인지 아세요? 철학은 무척이나 어렵고 힘들고 따분한 것 같지만, 사실은 가장 친근하고 쉽고 재미있는 것이랍니다.

간단히 말하자면 철학은 우리가 어떻게 살아야 하는지, 무엇을 우선으로 살아야 하는지, 행복한 삶이란 무엇인지에 대한 답을 가르쳐 주는 학문입니다.

여러분 철학이 무엇인지 궁금해지지요? 그렇다면 이 책 속으로 같이 여행을 떠나 봅시다.

여기에서 다룰 사람은 알제리에서 태어난 프랑스의 유명한 철학자 자크 데리다입니다.

데리다는 1930년 당시 프랑스의 식민지였던 알제리에서 태어났답니다. 알제리는 북아프리카에 있으며 면적은 대한민국의 20배가 넘는 아주 큰 나라랍니다. 데리다의 어머니는 유대인으로 알제리에서 태어나고

자랐습니다. 데리다 또한 알제리에서 고등학교를 졸업할 때까지 살았답니다.

데리다가 살았던 알제리는 정치적으로 아주 불안한 나라였습니다. 그때 알제리를 식민지로 삼았던 프랑스의 페탱 수상은 독일의 히틀러를 좋아해 그를 항상 도와주었답니다. 여러분도 잘 알고 있겠지만, 히틀러는 유대인을 무척 싫어했습니다. 히틀러를 좋아했던 페탱 수상도 마찬가지로 유대인을 무척 싫어했죠.

데리다의 어머니가 유대인이었다는 사실을 기억하나요? 때문에 유대인 가정에서 태어난 데리다는 인종 차별을 많이 당했습니다. 단지 유대인이라는 이유 하나로 12세 때 학교에서 퇴학을 당하기도 했지만 데리다는 이에 굴하지 않고 열심히 다른 학교를 다녔고, 고등학교까지 마쳤습니다.

유명한 현대 철학자인 데리다의 고등학교 때 꿈은 무엇이었을까요? 철학자나 학자였을까요? 아닙니다. 놀라지 마세요, 고등학교 때 데리다의 꿈은 축구 선수였답니다. 유명한 철학자의 어릴 적 꿈이 축구 선수라니 놀랍죠?

데리다는 대학 진학을 위해 대학 입학 시험을 치렀지만 결과는 좋지 못했습니다. 결국 대학교 진학을 포기하고 지방 잡지사에 근무하면서 많은 독서를 하였고 시도 발표했습니다.

하지만 대학 진학의 꿈을 완전히 접지는 않았습니다. 잡지사에 근무하면서 틈틈이 공부하여 다음 해에는 대학 입학 시험에 합격하였습니다. 그리고 선생님이 되기 위해 파리에 있는 고등 사범 학교에 입학하였습니다. 이후 데리다는 소르본 대학교, 하버드 대학교, 예일 대학교에서 철학을 가르쳤고, 점점 유명해졌습니다.

우리는 데리다의 철학을 '해체 철학'이라고 합니다. 해체란 단어의 뜻 그대로 흩어 없애는 것을 말합니다. 그럼 데리다는 무엇을 흩어 없애려고 했을까요?

바로 글입니다. 데리다는 글이 갖고 있는 불필요한 의미를 해체시키려 했답니다. 조금 어렵죠? 그렇다면, 한 가지 단어를 떠올려 보세요. 아무 단어나 상관없어요. 여러분이 생각한 그 단어에는 단어 그 자체의 의미와 여러분이 머릿속으로 생각하고 있는 단어의 뜻이 있겠죠.

즉 우리가 사용하는 모든 단어에는 단어가 나타내는 표현과 그 단어를 읽는 사람이 생각하는 의미가 따로 있답니다. 데리다는 이것을 글의 표현과 글의 의미라는 뜻으로 '기표'와 '기의'라고 하였습니다. 어렵죠? 조금 더 어려운 표현도 있습니다. 즉 프랑스 말로 이것을 '시니피앙' 그리고 '시니피에'라고 합니다.

예를 들어 설명하면 쉽게 이해할 수 있을 거예요. 여러분은 어떤 과자를 가장 좋아하나요?

초콜릿이라고요? 여러분은 초콜릿의 달콤한 맛에 빠져 있군요. 좋아요. 자, 그럼 여기 초콜릿이라는 단어가 있습니다.

이 '초콜릿' 이라는 단어를 다르게 읽는 사람은 없을 것입니다. 모두가 똑같이 '초콜릿' 이라고 읽을 것입니다. 즉 기표 혹은 프랑스 말로 시니피앙은 모든 사람에게 똑같습니다. 그러나 초콜릿이라는 단어를 보고 떠올린 의미와 이미지는 사람마다 다르게 나타날 것입니다.

예를 들어 밸런타인데이 때, 초콜릿을 선물 받은 사람은 초콜릿을 보는 순간 바로 밸런타인데이를 생각할 것입니다. 혹은 쌉쌀한 맛의 초콜릿을 먹어 본 사람은 쌉쌀한 맛을 떠올릴 것입니다. 하지만 단맛이 강한 초콜릿을 좋아하는 사람은 단맛의 초콜릿을 생각할 것입니다.

이렇게 초콜릿이라는 같은 단어를 보면서 사람마다 그 단어의 의미는 다르게 받아들여집니다. 이것을 기의 혹은 프랑스 말로 시니피에라고 합니다. 바로 이렇게 같은 단어 혹은 글을 사람마다 다른 이미지나 의미로 받아들인다면 이것을 같은 단어라고 할 수 있을까요?

데리다는 이렇게 의미가 다르게 나타나는 것에 대해 강한 의문을 품었습니다. 그리고 그런 의미로서의 글은 해체해야 한다고 주장했습니다. 데리다가 주장한 것처럼 의미로서의 글이나 단어가 해체되면 모든 사람이 똑같이 글이나 단어를 받아들이고 이해할 것이라는 것이 바로 데리다가 주장한 글에 대한 해체의 생각입니다.

데리다의 이러한 해체에 관한 생각, 참 재미있죠? 자, 이제 데리다의 해체에 대한 구체적인 의미를 찾아 우리 함께 떠나볼까요?

데리다의 해체 이론을 찾을 수 있게 도와 준 사람이 참 많아요. 쉽게 찾을 수 있도록 이 책을 기획하고 편집하신 분, 디자인해 주신 분 그리고 그림을 그려 주신 분들에게 감사드려야겠죠? 그리고 누구보다 고마운 분은 이 책을 출판해 주신 (주)자음과모음의 강병철 사장님입니다. 정말 고맙습니다.

자, 이제 데리다가 이야기한 해체가 무엇인지 첫 장을 열어 볼까요?

2007년 6월
서정욱

C O N T E N T S

프롤로그

"순미야, 이제 아빠와 살게 되니까 좋니?"

고모가 시장에서 새로 사온 원피스를 입혀 주면서 물었다.

"음…… 좋기도 하고, 안 좋기도 해요. 여기서 멀리 떠나니까요."

내 대답에 고모가 살며시 웃었다. 아빠와 살게 되었다고 너무 좋아하기만 하면 분명 고모가 서운해 했을 것이다. 또 이 대답은 솔직한 내 마음이기도 했다. 아빠 집에 가는 것은 좋은 일이지만 친한 친구들, 익숙한 동네를 떠나 낯선 곳에서 살게 되는 일은 걱정이다.

더 큰 문제는 새엄마도 함께 생긴다는 사실이다…….

"자주 놀러 오면 되지. 영영 못 볼 것도 아니잖니."

고모가 나를 달래다가 갑자기 목이 메었는지 딴 곳을 쳐다보았다.

나의 부모님은 내가 기억하지 못할 정도로 어릴 때 헤어지셨단다. 아빠가 나를 맡아 키우기로 했지만 일을 해야 했던 아빠가 갓난아기였던 나를 혼자 키우는 일은 무리였다. 그래서 아빠는 나를 고모네 집에 맡겼고, 아주 어릴 때부터 고모가 나를 돌봐 주셨다. 이런 이유로 지금까지 나의 가족은 고모와 고모부, 사촌 형제들이었다.

그런데 며칠 후면 나의 가족이 달라진다. 아빠가 재혼을 하시면서 나를 데려가 함께 살게 되었기 때문이다. 아빠에게 새 부인이 생긴다…… 아빠의 부인이면 나의 엄마가 되는 것이 아닌가…… 새로 꾸리는 가족, 한 집에 사는 아빠, 나 그리고 새엄마……. 아무리 생각해도 실감이 나질 않는다.

제일 친하고 스스럼없는 사이가 엄마와 딸일 텐데, 처음 보는 사람이 나의 엄마가 된다니…… 아빠와 나 사이에 낯선 아줌마가 끼어드는 것은 아무리 생각해도 내키지 않는 일이다. 아니, 어쩌면 아빠와 새엄마 사이에 내가 끼어드는 것일지도 모르지. 이런저런 생각이 많아 아빠와 함께 살게 된 것이 그리 좋지만은 않다.

고모는 괜스레 원피스의 허리 리본을 풀었다가 다시 묶고, 또다시 매만졌다.

"순미야, 기차 놓치겠다. 어서 가자."

커다란 가방 두 개를 들고 고모가 먼저 일어섰다. 나는 교과서를 챙겨 넣은 책가방과 신발 주머니를 들었다. 나만 아빠네 집으로 이사를 하면 되는 것이라서 짐은 가방 두 개와 책가방이 전부였다.

대문을 나서면서 나는 집을 한 바퀴 둘러보았다. 단물이 와삭 씹혔던 대추나무, 마당 한가운데 수돗가, 창호지를 바른 창문, 키가 나란한 싸

리나무들. 이 집은 내 유년의 거의 모든 것이 담긴 곳이었다.

그리고 이제 나만의 추억으로 남을 것이다. 나는 마음속으로 그것들에게 작별을 고했다. 안녕, 춘천…….

빠글이 새엄마

 '텍스트 바깥에는 아무것도 없다'

－자크 데리다

1 첫 만남

"순미야!"

저쪽에서 아빠의 목소리가 들렸다. 서울에 도착한 사람들은 뭐가 그렇게 급한지 한꺼번에 서둘러 내렸고 그 때문에 기차역은 아주 복잡했다. 춘천 고모네 집에서 지낼 때는 이렇게 많은 사람들이 모인 것을 본 적이 없었다. 내가 촌스러운 건가? 플랫폼의 소란스러운 소음과 많은 사람들이 어색해서 마음이 편치 않다. 기차에서 내리기 전부터 고모와 나는 아빠를 만날 수나 있을지 걱정이었다. 그런데 다행히도 아빠가 나를 먼저 알아보셨다.

"아유, 서울은 언제 와도 사람이 많구나. 우리나라 사람들은 다들 서울에만 산다니? 그나저나 너는 금방도 찾았구나. 지 딸내미라고 피가 당기나 보네?"

짐을 받으려고 손을 내미는 아빠에게 큰 가방 하나를 건네주며 고모가 말했다.

"우리 순미가 나를 닮아서 인물이 좋잖아. 그러니 멀리서도 단박에 알아볼 수 있지."

아빠의 너스레에 고모가 웃었다.

"실없는 소리 그만하고, 아유, 이 복잡한 데서 얼른 나가자."

나도 마침 그 얘기를 하고 싶던 차였다. 우리는 어디를 가고 있는지도 모를 만큼 많은 사람들에 휩쓸려 이리저리 움직이고 있던 참이었다. 특히 키가 작은 나는 어른들 사이에 끼여 숨도 못 쉴 지경이었던 것이다.

"주말이라고 사람들이 다들 나들이를 가나 봐. 순미야, 아빠 손 놓치지 말고 잘 따라와야 된다."

그러면서 아빠는 앞장 서서 사람들을 헤치며 길을 안내했다. 겨우 기차역을 빠져나와 택시에 오른 우리들은 그제야 한숨을 돌렸다. 고모는 아빠의 얼굴을 찬찬히 뜯어보며 말씀하셨다.

"새신랑이 될 거라서 그러나, 너는 그새 신수가 훤해졌다."

"아니 뭘⋯⋯."

고모의 말에 아빠가 수줍은 듯 웃으면서 말꼬리를 흐렸다. 아빠가 부끄러움을 타는 모습은 처음 보는 것 같다.

"그런데 네 안사람은 집에 있니? 그때는 경황이 없어서 얼굴도 제대로 못 봐서 말이야. 내가 우리 순미 아주 단단히 부탁하고 가야겠다. 이제 순미 엄마가 아니냐."

고모는 나도 모르게 아빠의 부인을 만났었나 보다.

아빠의 부인이니, 순미 엄마니 하는 고모의 말을 들으니 기분이 이상했다. 아빠의 딸인 나도 우리 가족의 중요한 한 사람인데⋯⋯ 그런데 나만 쏙 빼고 어른들끼리만 그런 중요한 일을 결정했다는 사실도 썩 기분이 좋지 않다. 고모 말대로 우리 엄마가 될 사람이라면 내 허락도 받아야 되는 것 아니었을까? 하긴, 내가 반대한다고 해서 아빠가 결혼을 취소하진 않을 테지만⋯⋯.

"누나한테 식사 대접한다고 아침부터 준비하고 있어. 지금쯤 거의 다 됐을 거야. 음식 솜씨가 아주 좋거든. 누나, 순미랑 나 생각해서 점수 후하게 줘야 해. 알았지?"

"애는, 벌써부터 마누라한테 꽉 쥐었구나. 아무튼 남자들은 결혼하면 말짱 꽝이라니까. 누나밖에 없다고 매달릴 땐 언제고……."

고모와 아빠는 그 뒤로도 계속해서 얘기를 나누었다. 어른들의 대화에 낄 자리가 없어진 나는 물끄러미 창밖을 구경할 수밖에 없었다.

빠르게 달리는 택시 안에서 본 바깥세상은 숨 막히게 높은 건물들로 가득 차 있었다. 큼직큼직하게 들어선 건물들을 보니 나도 모르게 어지러웠다. 끊임없이 나타나는 이정표, 내가 그 표지판을 따라가는 것인지 아니면 표지판이 나를 따라오는 것인지 헷갈리기까지 했다. 길가에 즐비하게 늘어서 있는 간판의 글자들이 한꺼번에 쏟아져 내려올 것만 같았다. 뭐가 그렇게 바쁜 것일까? 사람들 또한 앞만 보고 열심히 걷기만 한다.

학교에서 배운 이야기 중에 이런 것이 있었다. 어떤 왕이 백성들이 다니는 모습에 질서가 없어 보여서 나라 안의 모든 사람들을 한 길로만 다니게 했다고 한다. 그래서 나라의 이정표를 모두 한 방향으로 만들었다. 백성들은 그 기호를 보고 다녔기 때문에 서로 부딪힐 일이 없었지만, 결국 집에 돌아가지 못하고 모두 바다에 빠져 죽었다고 한다.

거리의 사람들도 바쁘게 앞만 보면서 가다가는 나중에 모두 바다에 빠져 버릴 것만 같았다.

이런저런 생각을 하고 있는데, 아빠가 말을 걸어왔다.

"순미야, 춘천하고는 많이 다르지?"

"네, 조금……."

"기죽을 거 하나도 없어. 우리 순미는 잘 적응할 수 있을 거야. 그렇지?"

"아무렴, 우리 순미가 얼마나 씩씩한데. 게다가 속도 깊고 똑똑하고……."

물론 그렇지는 않겠지만, 아빠와 고모의 말이 마치 강요를 하는 것처럼 들렸다.

나는 가끔 이런 생각을 한다. '세상에는 나의 의지와 상관없이 해야 하는 것들이 참 많구나.' 아빠의 결혼을 받아들여야 하는 것도 그렇고, 똑똑한 척해야 하는 것도 그렇다. 저 신호등도 그래. 내가 계속 앞으로 가고 싶어도 빨간 불이 들어오면 멈춰야 하잖아.

세상에는 나 모르게 약속해 놓은 것들이 참 많은 것 같다. 그리고 보니 화장실도 그러네. 여자 그림이 있으면 여자만 들어가야 하고,

남자 그림이 있으면 남자만 들어가야 하는 거고…… 왜 그래야 하지? 남자 그림이 그려진 곳에 여자가 들어가면 안 되는 건가?

아유, 오늘은 내가 무슨 심통이 났는지 다 내 마음대로만 하고 싶다. '아빠와 같이 살게 되었다'는 것 말고는 춘천을 떠난 것이 하나도 맘에 들지 않는다. 복잡한 동네, 낯선 곳, 그리고 처음 만나게 될 '새엄마'까지도…….

"오시느라 힘드셨죠? 저도 나갔어야 하는데, 식사 준비 좀 하느라고요."

아빠 집에 도착하자마자 처음 보는 사람이 얼른 나오며 고모에게 인사를 했다.

"순미 애비가 마중 나왔는데 뭐 자네까지 나오나. 그리고 그냥 식구끼리 먹는 밥인데, 숟가락이나 하나 더 놓지 뭘 그리 준비해?"

고모가 보따리를 내려놓으며 말하자 아빠도 가방을 옆에 놓고는 나를 소개했다.

"당신, 사진으로만 보고 실물은 처음 보지? 얘가 우리 순미야. 순미야, 인사드려라."

"안…… 녕…… 하세요?"

나는 쭈뼛거리다가 고개를 숙이며 기어들어 가는 소리로 인사했다. 달리 마땅한 인사말이 떠오르지 않았다. 엄마라는 존재를 이런 식으로 소개 받는다는 것이 영 어색하고 이상했다. 원래부터 나와 같이 있어야 하는 사람이 '엄마' 아닌가? 엄마라는 말처럼 편안하고 쉬운 말이 없을 텐데도 나에게는 그 말이 가장 어렵고 불편했다. 더구나 어른들이 맞선에서 상대를 처음 만나는 것처럼 엄마를 소개받아야 한다니…….

"네가 순미구나? 사진에서 보던 그대로네."

새엄마도 나랑 같은 마음이었는지 겨우 사진하고 똑같다는 한마디만 덧붙였다.

아빠의 새 부인이 될 사람, 그러니까 나에게는 새엄마가 될 사람…… 머리를 기다랗게 길러서 구불구불한 파마를 하고는, 커다란 꽃그림이 그려진 앞치마를 두른 모습…… 첫눈에도 새엄마는 무척 예쁜 얼굴이었다. 입던 옷 그대로 설거지를 해서 항상 앞섶이 얼룩덜룩하던 고모만 보았던 내 눈에, 레이스가 달린 앞치마를 입은 새엄마는 정말 세련돼 보였다.

나는 무엇보다 새엄마의 머리 모양이 마음에 들었다. 고모는, 아니 고모뿐 아니라 내가 보아온 모든 아줌마들은, 한결같이 짧은 파마 머리를 한 모습이었으니까. 아무리 다른 날 다른 미용실에서 머리 손질을 해도 공장에서 찍어 나오듯 똑같은 파마 머리뿐이었다. 그래서 나는 아줌마들에게 파마는 교복 같은 것인가 보다고 생각한 적이 있었다. 중학생 언니들이 똑같은 교복을 입는 것처럼 아줌마들은 똑같은 머리를 하고 있으니까 말이다. 아마 동그란 얼굴에 뽀글뽀글한 파마 머리를 그려 놓고 '이거 무슨 그림이게?' 하고 물어보면 모두 '아줌마!' 하고 말할 것이다. 파마 머리가 아줌마를 나타내는 기호인 것처럼 말이다.

 얼마 전 선생님께서 기호학이라는 학문이 있다는 말씀을 하신 적이 있다. 사람들이 살아가는 데 필요한 어떤 사물이나 표현을 기호로 나타내서 설명하는 학문이 기호학이라고 했다. 선생님이 해 주신 말로는, 우리나라 말과 글만 쓰면 외국 사람들은 무슨 뜻인지 모르니까, 그래서 필요한 것이 기호라는 것이다. 기호를 사용하면 서로 같은 말이나 글을 사용하지 않아도 쉽게 이해할 수 있으니까 말이다. 아마 파마 머리에 아줌마 기호로 만들어서 보여 주면 우리나라 사람들은 모두 그 뜻을 알 수 있을 거다. 그런데 외국 사람들은 모를 것 같기도 하다. 왜냐하면 영화나 텔레비전에서 본 외국 아줌마들의 머리 모양은 모두 달랐으니까. 그리고 우리 새엄마 같은 아줌마도 있으니까 말이다.

새엄마의 머리는 정말 달랐다. 아줌마인데도 기다란 머리를 저렇게 멋스럽게 하고 있다니! 나는 마음속으로 새엄마의 그 머리에 일단 합격 점수를 주었다. 덧붙여 레이스 달린 앞치마에도.

새엄마와 나의 어색하고 짧은 인사가 끝난 뒤 아빠는 서둘러 밥상을 꺼내 펴 놓았다. 곧이어 새엄마가 음식들을 차려 내고 우리들은 상에 둘러앉아 식사를 시작했다.

"아주 맛있구나. 우리 온다고 신경을 많이 썼나 보네."

고모가 이마에 땀을 줄줄 흘리며 말씀하셨다. 연신 국물을 드시느라 쉬시지도 않고 말이다. 고모는 신기하게도 맛있는 것을 먹을 때면 땀을 흘린다. 때문에 음식이 진짜 맛있는지 아닌지는, 고모의 이마를 보면 알 수 있을 정도였다.

"어때, 내 말이 맞지? 이 사람 음식 솜씨가 보통 아니라니까. 순미야, 너도 많이 먹어라."

솔직히 새엄마에 대해 까다롭게 채점하고 싶었는데, 음식 맛도 불합격으로 칠 수가 없었다. 고모가 해 주던 것보다 백배는 더 맛있었기 때문이다.

"못생긴 부인하고는 살아도 음식 못하는 부인하고는 못 산다던데, 너는 좋겠다. 순미 엄마가 둘 다 빠지질 않으니 말이야."

"아이, 형님도 참…… 과찬이세요. 호호호."

고모의 칭찬에 새엄마가 수줍게 웃었다. 아빠는 뭐가 그리 좋은 지 입을 다물지 못하고 허허거렸다. 어찌나 입을 계속 벌리고 계 신지 그 사이로 밥알이 떨어지지 않을까 걱정될 정도였다.

나는 그러다 문득, '순미 엄마'라는 말이 머릿속에 남아 버렸다. 고모가 불쑥 말한 순미 엄마. 그것은 분명히 새엄마를 가리키는 말이었다. 오늘 처음 만난 사람이 나의 엄마라니 기분이 묘했다. 새엄마는 어떤 기분일까? 고모를 형님이라고 부르는 걸 보면 벌 써 한 가족이 된 셈인데…… 순미 엄마라고 불렸으니 새엄마는 내 엄마인 것인데, 나를 뺀 셋이 한 가족인 것 같았다. '순미'인 나는 없고 말이다. 자기들끼리만 형님, 동생, 순미 엄마 하면 서…… 순미는 나인데.

내가 그런 생각을 하고 있든 말든, 고모와 아빠, 그리고 새엄마 는 한참이나 얘기를 나누었다. 이럴 땐 내가 어른이 아닌 게 실감 난다. 내가 어른들과 함께 나눌 수 있는 얘기는 하나도 없으니까 말이다. 그래서 나는 그저 밥만 먹었다. 내가 좋아하는 반찬들이 많아서 그나마 다행이었다. 어른들이 나를 잊어버리고 대화를 하는 동안, 나는 반찬을 친구 삼아 밥 두 그릇을 모두 비웠다.

"순미 너는 언제 이렇게 많이 먹었니?"

고모가 내 앞에 놓인 빈 그릇들을 보면서 물었다. 그제야 내가 생각난 모양이다.

"얼마나 맛있었으면 말 한마디 않고 밥만 먹었겠어. 얘도 당신 음식에 홀딱 반했나 봐."

'치, 나한테 한마디도 걸어 주지 않은 게 누군데.'

새엄마는 우리가 음식을 맛있게 많이 먹은 것이 만족스러웠는지 상을 치우고는 곧 과일을 깎아 왔다. 고모와 내 마음을 먹는 것으로 사로잡으려고 작정이라도 한 것처럼 말이다.

"이제야 얘가 자리 잡고 살게 된 것 같아 내 마음이 편하네."

아까와는 다르게 고모가 진지하게 말을 꺼냈다.

"순미가 아주 어릴 때 순미 아범이 이혼을 했지…… 순미 저 어린 것을 데리고 어떻게 사나, 앞이 캄캄했었어. 지들이 좋아서 결혼하고 애 낳았으면 평생 잘 살아야지, 헤어지긴 왜 헤어져? 저 어린 것 두고 이혼은 왜 해?"

고모는 옛날 일이 생각나는지 한숨을 쉬며 아빠를 쳐다봤다.

"애 엄마도 그냥 가 버리고, 순미 애비는 일을 해야 먹고살 테고…… 참 어려운 시절이었지. 어린 순미를 하루 종일 어린이집에 맡긴다는 데 내가 반대를 했지. 애비 자리 잡을 때까지만 내가 봐 준다 하고 순미를 키운 게 벌써 10년이 다 됐네."

"누나는 참, 그런 얘기를 뭐 하러 해요. 이 사람도 다 아는 걸."

아빠는 고모의 얘기 때문에 분위기가 가라앉는 게 싫은 건지, 옛날 얘기가 싫은 건지 고모의 말을 막았다. 나는 살짝 새엄마를 쳐다봤다. 무슨 생각을 하는지는 알 수 없지만 다소곳이 앉아서 고모의 얘기를 듣고 있었다. 자세히 보니 얼굴이 더 예뻐 보였다.

"그래그래, 좋은 날 이런 얘기 뭐 하려고 하니? 나도 주책이지. 어쨌거나 순미 엄마, 이제 우리 식구가 됐으니까 앞으로 잘 살아야 해. 응? 우리 순미도 친딸이라고 생각하고 잘 돌봐 주고, 저 흐리멍텅한 순미 애비도 자네가 잘 이끌어 주고. 집안에서 여자의 역할이 얼마나 중요한지 알지? 자네만 믿겠네."

"아유, 누나도 참. 벌써 시누 노릇 하려고 그러세요? 밥 잘 먹고 무슨 잔소리를 그렇게 길게 해. 1절만 해요, 1절만. 순미 엄마도 다 안다고요."

아빠가 면박을 주듯 고모에게 말했다.

"알았다, 알았어. 이렇게 순미에게 엄마도 생기고, 못난 너한테 부인이 생기니 누나가 기분이 좋아서 하는 소리야. 그래, 이것도 잔소리로 들려?"

고모가 아빠에게 짐짓 호통치는 것처럼 말하자 새엄마가 얼른 나섰다.

"저는 형님 말씀 듣기 좋은데요, 뭐. 당신은 왜 괜히 그래요. 듣기 싫으면 당신은 나가 있어요. 저는 형님하고 얘기 좀 더 해야겠으니."

벌써 고모와 새엄마는 한편이 된 것일까? 이젠 나만 외톨이가 아니라 아빠까지도 둘 사이에 못 끼게 되나 보다.

"아이고 참, 내 정신 좀 봐. 저녁까지 돌아가야 하는데 이렇게 죽치고 앉아 있었네. 나도 집에 가서 할 일이 많은데 말이야. 순미 잘 데려다 줬으니까 나는 그만 일어서야겠다."

고모가 갑자기 생각난 듯 서둘러 일어나셨다.

"며칠 더 계셨으면 싶은데……."

새엄마와 아빠가 아쉬워했지만 춘천 고모집을 비울 수는 없었다. 아빠와 내가 고모를 배웅하기 위해 대문 앞까지 따라 나섰다.

"순미야, 잘 지내라. 방학 때마다 놀러 오고."

고모가 나를 보면서 말했다. 고모의 눈언저리가 불그스레해졌다. 그런 고모 얼굴을 보니 나도 괜히 눈물이 날 것 같았다.

"걱정 마시고, 마음 편히 가세요."

새엄마가 내 대신 고모에게 인사했다. 고모는 몇 번이나 뒤를 보며 손을 흔들었다. 나는 고모가 골목을 돌아서 보이지 않을 때까지 그 자리에 서 있었다. 지금까지 엄마 대신이었던 고모. 이제는 진짜 엄마가 그 역할을 맡을 것이다. 아니, 정확히는 진짜 엄마도 아니다. 새로 생긴 엄마, 새엄마.

아빠가 새로 사다 주신 새 가방, 새 공책, 새 신발처럼 새로 생긴…….

2 내 자리는 어디에

"준비 다 됐니? 첫날인데 늦으면 안 되니까 서두르자."

새엄마가 밖에서 불렀다. 새로 다니게 될 학교에 처음 가는 날이라 전학 수속을 하고 선생님도 만나 본다며 새엄마가 따라 나서는 것이었다. 나는 교과서를 모두 집어넣어서 무거워진 가방을 등에 메고 따라 나섰다. 새로 다니게 될 학교의 수업 시간표를 알 수 없어서 그냥 다 넣은 것이었다.

새엄마는 현관 앞에서 나를 기다리고 있었다. 새엄마는 가진 옷

중에서 제일 예쁜 것으로 골라 입은 것 같았다. 까만색의 단정한 치마와 블라우스를 입은 모습이 정말 근사해 보였다. 저 정도의 모습이라면 같이 다니기에 창피하지는 않을 거라는 생각이 들었다. 아무렴, 뚱뚱한데다 짧은 파마 머리를 한 고모에 비할 바가 아니었다. 솔직히 나는 고모가 학교에 오지 않기를 바란 적도 있었다. 왜 엄마 대신 고모가 왔냐는 말을 듣기도 싫었거니와, 그보다 더 싫은 건 뚱뚱한 모습에 파마 머리를 한 아줌마라는 사실이 더 싫었으니 말이다.

그에 비하면 지금의 새엄마는 일단 합격이다. 새로운 학교, 처음 만나는 친구들에게 기죽고 싶지 않다. 그런데 뭐, 새엄마는 부끄럽지 않을 정도는 되는 것 같다. 더 솔직하게 말하면 자랑할 만한 정도다. 구불구불한 긴 머리는 아무나 하는 게 아니니까.

새엄마의 차림에 내심 흡족해진 나는 기분 좋게 집을 나섰다. 새엄마를 대하는 마음은 여전히 낯설고 서먹했지만 같이 다니기에는 나쁘지 않았다.

새로운 학교에 도착해서 전학 수속을 마치고 앞으로 내가 생활하게 될 3반 교실로 갔다. 담임선생님은 새엄마와 무슨 얘긴가를 좀 더 나누다가 교실로 들어오셔서는 나를 친구들에게 소개하셨다.

"이름은 이순미, 나이는 여러분과 동갑, 주소는 저어기 저쪽 동네, 성별은 여성, 춘천에서 살다가 이사 오게 됨. 자, 뭐 더 궁금한 것 있나?"

선생님은 무슨 대회 출전자의 신상 명세서를 읊듯 간단히 끝내고는 일단 맨 뒷자리에 앉으라고 딱딱하게 말씀하셨다. 그리 친절한 성격은 아닌 것 같았다.

나는 선생님이 일러준 대로 맨 뒤 빈자리에 혼자 앉았다. 전학 온 첫날에 맨 뒷자리에 혼자라니…… 서러운 생각이 들었다. 아무도 나에게 관심을 갖지 않는 것 같아 서러워졌다. 선생님은 내가 전학 왔다는 사실조차 잊어버린 듯 바로 수업을 시작했다. 엄한 선생님에게 길들여졌는지 아이들 모두 선생님의 지시를 착착 잘 따랐다.

"아까 했던 얘기에 이어서 더 설명하도록 하겠다. 1938년 독일의 히틀러는 오스트리아와 체코를 차례로 침공하면서 제2차 세계대전이 터졌다고 했지? 독일은 계속해서 1939년에 폴란드를 공격했다. 영국은 더 이상 참지 못하고 독일에 선전포고를 하게 되고, 같은 해 11월 프랑스도 독일에 선전포고를 하면서 전쟁이 시작되었지."

내가 오기 전 2차 세계대전에 대해 배우고 있었던 모양이었다. 선생님은 교과서 어디를 펴라는 말도 없이 혼자 열심히 설명했다. 앞의 내용을 듣지 못한 나는 조용히 듣고 있을 수밖에 없었다.

"하지만 독일은 1940년 중립 국가인 벨기에, 룩셈부르크 그리고 네덜란드를 침략했다. 그리고 계속 프랑스의 수도 파리를 공격하려고 했지. 그렇지만 프랑스의 국회의원들은 역사적으로 오랜 전통을 갖고 있는 파리가 전쟁으로 파괴되는 것을 원치 않았다."

아이들 누구도 움직이지 않고 선생님의 말씀을 들었다. 엄격한 선생님이라 그런지 아이들의 수업 태도 역시 엄격했다.

"독일로부터 파리의 파괴를 막아야겠다는 생각으로 프랑스 국회의원들은 당시 수상이었던 페탱에게 모든 권한을 넘겼다. 국회의원들은 페탱이 히틀러와 싸우든 아니면 항복하든 마음대로 하라고 했지. 1940년 페탱은 프랑스의 아름다운 휴양 도시 비시에 프랑스의 임시 정부를 수립했는데, 이것을 페탱의 비시 정부라고 부른다."

선생님은 칠판에 '비시 정부'라고 쓰고는 다시 설명을 이었다.

"그렇지만 페탱은 프랑스 사람들이 원했던 만큼 좋은 정치를 하지 못했어. 페탱은 독재 정치를 하면서 프랑스를 전체주의적 체제로 만들려고 했다. 또 공산당과 유대인을 매우 미워해서 많이 죽이기도 했지."

"그렇다면 페탱도 히틀러랑 똑같이 나쁜 사람이겠네요?"

남자애 하나가 불쑥 말하자 선생님은 고개를 끄덕이며 말했다.

"그렇다고 할 수 있겠지. 페탱의 유대인 인종 차별은 당시 프랑스의 식민지였던 알제리에도 영향을 주었지. 그래서 알제리에 살고 있던 데리다도 어머니가 유대인이라는 이유로 학교에서 퇴학을 당하게 되었지."

"데리다가 누군데요?"

처음 듣는 이름이 갑자기 나오자 공부를 잘하게 생긴 남자애가 질문했다. 수업에 열심히 참여하는 학생인가 보다. 내가 다니던 춘천의 학교에도 저렇게 꼭 나서는 호성이라는 녀석이 있었다. 그 생각이 나자 슬그머니 춘천의 학교와 교실이 그리워졌다.

"데리다는 말이야, 아주 유명한 알제리 출신의 철학자란다. 언어에 대한 해체 이론을 편 사람이야. 선생님이 좋아하는 철학자이기도 하고. 어쨌거나 페탱 정부는 얼마 지나지 않아 막을 내리고 드골과 레지스탕스의 활약으로 결국 독일은 전쟁에서 지고 말았지. 미국을 중심으로 한 연합군의 노르망디 상륙 작전이 성공하면서 제2

차 세계대전은 끝이 나고, 파리도 무사히 잘 보존될 수 있었지."

선생님의 얘기는 여기에서 끝이 났다. 처음 듣는 제2차 세계대전 이야기, 데리다인가 뭔가 하는 철학자 이야기에 흥미가 생겼다. 교실은 낯설지만 이런 공부를 하는 건 제법 괜찮다는 생각이 들었다.

다시 종이 울리자 수업이 시작됐고 맨 뒤에 앉은 나는 아이들의 까만 뒤통수만 보았다. 짧은 머리, 긴 머리, 묶은 머리, 그 여럿의 까만 머리들 사이에 유난히 눈에 들어오는 머리가 있었다. 구불구불한 파마를 한 긴 머리, 바로 새엄마의 머리 모양처럼 멋스러운 머리였던 것이다. 내가 제일 좋아하는 그 머리 모양. 나는 수업을 열심히 들을 생각도 잊고 아이들의 뒤통수만 관찰했다. 내가 아이들을 본 첫인상은 그렇게 까만 뒤통수가 전부였다.

지루하고 재미없는 수업이 끝나고 쉬는 시간이 되자 아이들은 왁자하게 떠들기 시작했다. 그 모습이 마치 춘천에서 친구들과 많이 하던 '얼음 땡 놀이' 같았다. 수업이 끝나는 땡 소리가 나자마자 얼음에서 풀려 난 것처럼 펄쩍펄쩍 뛰고 재잘거리며 노는 모양이 말이다.

"이리 나오너라!"

그때 누군가의 호령이 떨어졌다. 나는 놀라서 그것이 누굴 부르

는 소리인가 조심스럽게 주위를 살폈다. 그러자 아이들은 키득거리더니, 어떤 애들은 그 말을 따라서 하는 것이었다. 그 말에 여자아이 하나가 발딱 일어서 큰소리를 쳤다.

"야! 그만 좀 해! 지겹지도 않니?"

가만 보니 아까 내가 맘에 들어 했던 긴 파마 머리의 그 애였다. 이리 나오라는데 왜 저 애가 화를 낼까? 무슨 일일까 궁금했지만 참기로 했다. 아직은 물어볼 친구도, 알려줄 친구도 없었다.

첫날의 수업은 어떻게 지났는지도 모르게 끝이 났다. 잘못 찾아온 손님처럼 내 자리는 여기에 없는 것 같았다. 아무도 나에게 말을 걸어 주지 않았고 오늘 하루는 일 년처럼 길었다.

혼자 터덜터덜 집으로 향하는 발걸음도 그리 신나지는 않았다. 집에 가 봐야 아빠는 일을 나가셨을 테고 새엄마만 있을 것이다. 낯선 사람과 한 집에 멀뚱히 있을 걸 생각하니 영 마음이 편치 않았다.

"다녀왔습니다."

현관 문을 열고 들어가면서 의무적으로 인사를 한 나는 얼른 내 방으로 들어와 버렸다. 작은 집이지만 내 방이 따로 마련되어 있는 건 정말 다행이었다. 만약 방이 하나였다면 새엄마와 단둘이 얼굴을 마주 보고 있어야 했을 테니까 말이다.

"담임선생님이 좋은 분 같아 보이더구나. 어때, 친구들은 마음에 드니?"

새엄마가 주스 한 잔을 들고 내 방으로 들어왔다. 감정이라곤 없는 것처럼 굳은 표정의 선생님이 뭐가 좋아 보인단 말이야. 그리고 방문을 열 때는 노크를 좀 하지, 이렇게 사생활 침해해도 되는 거야? 나는 그런 생각을 하며 컵을 받아 들었다.

"뭐, 그럭저럭 괜찮아요. 처음이라 낯설긴 하지만 지내다 보면 나아지겠죠."

속으로는 투덜대면서 겉으로는 그렇게 대답했다. 새엄마에게 속마음까지 얘기하고 싶지는 않았기 때문이다. 내 대답은 학교 생활에 대한 것이었지만 새엄마에 대한 것이기도 했다. '낯설긴 하지만 지내다 보면 나아지겠죠.' 진심으로 그렇게 됐으면 싶었다. 새 친구들과 친해지듯 새엄마와도 친해지겠지…… 아니, 친해져야 했다. 친구는 마음이 안 맞으면 다른 친구를 사귀면 되지만, 엄마는 싫다고 바꿀 수 있는 게 아니니까 말이다. 나는 처음으로 인간관계가 고달픈 것이라는 생각을 했다.

새엄마는 무슨 말을 더 하고 싶어 하는 것처럼 보였지만 내가 등을 돌려 책상 앞에 앉으니 살그머니 문을 닫고 나가셨다. 그렇게 나가시는 새엄마를 보니 기분이 별로 좋지 않았다. 나와 얘기하고 싶어서 일부러 내 방에 왔다는 걸 알지만, 새엄마와 친해져야 한다는 것도 알지만, 내 마음은 생각처럼 쉽게 열리지 않았다.

3 새 친구 리나

하루하루는 긴 것 같은데, 어느새 시간은 흘러 서울에 온 지 한 달이 되었다. 새엄마와의 어색한 동거도 그만큼 시간이 흐른 것이다. 학교와 집에서 나는 여전히 투명 인간처럼 생활하고 있다. 조용히 학교에 갔다가 조용히 집에 와서, 조용히 숙제하고 밥 먹고 조용히 잠을 잤다. 이것이 그간 내 생활의 전부였다. 처음 생각과 달리 친구들과도 친해지지 못했고 새엄마와는 더더욱 친해지지 못했다. 웬일인지 새엄마의 얼굴이 점점 어두워졌기 때문이다.

내가 말을 걸고 싶어도 이제는 새엄마가 입을 다무셨다. 무슨 근심이라도 있는 것처럼 항상 무거운 표정으로 지냈다.

교실 맨 뒤에서 혼자 앉은 지 한 달째, 선생님이 자리를 바꾸겠다고 하셨다. 이제 나도 짝이 생기게 된 것이다. 선생님은 번잡한 것이 싫으신지 아주 간단하게 자리를 정하셨다. 일단 갖가지 기호가 적혀 있는 종이를 우리 반 아이들 모두에게 나눠 주셨다.

동그라미는 동그라미와 짝이고 세모는 세모와 짝이고…… 그 많은 도형들을 어떻게 다 찾아내셨을까? 차라리 가나다 순으로 적으셨으면 더 편하셨을 텐데. 물론 그림으로 보면 한눈에 그 뜻을 파악할 수 있기는 하다. 하지만 그림은 말도 아니고 글도 아니지만 기호는 기호다. 물론 글도 기호이다. 다른 점이 있다면 그림이 좀 덜 복잡한 기호라는 것이다. 하지만 우리는 '글'이라는 기호를 보면 무슨 뜻인지 알 수 있다. 왜냐하면 기호는 전달하고자 하는 뜻을 담고 있으니까 말이다. 그런데 오늘은 그림보다 글이 더 편했을 거라는 생각을 했다. 그 많은 그림을 일일이 손으로 그리셨을 선생님을 생각하니 말이다.

어쨌든, 선생님은 정해진 규칙대로 아이들을 앉히셨다. 역시 지금까지 내가 생각했던 선생님의 모습 그대로였다. 소란스러운 걸

질색하는 성격이니 자기 마음에 드는 아이를 고르라는 식의 일은 절대 하지 않을 줄 알았다. 뭐 고르라고 했어도 마땅히 고를 친구는 없지만 말이다. 아 참, 딱 한 명, 구불거리는 긴 머리카락을 가진 그 애, 그 애 정도라면 한번쯤 친해 보고 싶기는 했다.

내 자리는 앞에서 두 번째 줄이었다. 맨 뒤에 있을 때 외톨이 같은 기분이 들어 아이들 사이에 섞이고 싶었는데, 정말 잘됐다는 생각이 들었다.

"이리나, 이순미는 앞에서 두 번째 자리로 가서 앉고, 박형철, 서재욱은 그 옆에 앉고……."

같은 종이를 뽑은 아이들을 파악하신 선생님은 자리를 지정해 주셨다. 이리나? 이름이 참 특이하네. 투명 인간처럼 다니느라 반 아이들 이름을 거의 몰랐다. 궁금해서 두리번거리고 있는데, 아! 그 애가 바로 내 옆에 앉는 것이었다! 나와 같은 별 모양 종이를 뽑은 것이다. 그 별 모양은 마치 나와 그 아이를 이어 주는 징표 같았다. 나는 기호학자들에게 나와 그 애의 징표를 별 모양으로 만들어 달라고 하고 싶을 만큼 기뻤다. 나는 가끔 생각들이 이렇게 얽히고설켜 삼천포로 빠지곤 한다. 기호에 관한 연구를 하는 사람을 기호학자라고 한다. 그런데 기호에 대해 가장 먼저 설

신 호 등

명한 사람 이름이 뭐였더라? 소…… 소…… 맞아, 소쉬르!

우리가 사물을 이해하기 위한 가장 좋은 방법은 그 사물을 직접 보는 것이다. 신호등에 대한 설명을 하는 것보다 신호등을 직접 보여 주면 설명은 더 이상 필요 없으니까 말이다. 그런데 만약 신호등을 직접 보여 줄 수 없으면 어떻게 해야 할까? 그야 당연히 신호등 그림을 그려 주면 되는 거다. 그럼 신호등이 어떻게 생긴 것인지 알 수 있을 거다. 이것이 바로 기호이다.

그런데 신호등도 없고 신호등 그림도 없이 신호등을 설명하려면 어떻게 해야 하지? 그야 글로 쓰면 되지. 뭐, 신호등이 어떻게 생긴 건지 자세히 알지는 못하겠지만 말이다.

나는 그 친구에게 내 모습 그대로를 보여 주고 싶은 욕심이 생긴다. 그냥 있는 그대로. 그게 가장 나를 이해시키기 쉬운 방법일 테니까 말이다. 지금까지 내심 그 친구와 친해지고 싶다고는 생각했는데 정말 짝이 될 줄은…….

속으로는 만세를 불렀지만 겉으로는 표를 내지 않았다. 나는 속마음을 잘 나타내지 않는 성격이라 고모는 그런 나를 내숭쟁이라고 놀리곤 했었다.

"반갑다. 남자 짝꿍은 귀찮았는데, 여자랑 같이 앉으라니, 너무 좋다."

　리나가 먼저 인사를 건넸다. 나는 갑자기 수줍은 생각이 들어 그냥 얼버무리는 대답을 하고 말았다. 리나는 내가 순미라서가 아니라 여자라서 맘에 들어 하는 것이었다. 나는 순미로서 리나와 친해지고 싶은데…….

　"네 이름 예쁘다. 나는 순미라는 이름이 너무 촌스러워서 싫거든."

　갑자기 리나의 이름을 생각하다가 내가 불쑥 말했다.

　"이름이 예쁘면 뭐해. 만날 놀림감만 되는걸. 남자애들이 툭하면 '이리 나오너라' 그러잖아. 이리나라고, 이리 나오래. 너무 유치하지 않니? 암튼 남자애들은 별로야."

　리나가 볼멘소리로 투덜댔다. 아, 그래서 첫날 '이리 나오너라' 그랬던 것이구나! 나는 그제야 그날의 상황이 이해되었다. 그리고 이렇게 예쁜 애의 이름이 리나라는 것, 리나라는 이름을 본인은 마음에 들어 하지 않는다는 사실을 알게 되었다. 아, 또 하나, 남자애를 싫어한다는 것도. 내가 여자라서 참 다행이다.

　"네 이름이 뭐 어때서? 순미, 좋기만 하네. 이름만 들어도 착하고 얌전한 여자애가 떠오르는걸. 지금 네 모습하고 딱 어울린다, 애."

　리나가 하는 말은 칭찬이었지만 내 귀에는 칭찬으로 들리지 않았다. 구김 없고 부유해 보이는 옷차림이나 생김새 모두 세련된 서울 아이 같은 리나, 그런 리나에 비하면, 나는 그야말로 순미스러웠다. 리나의 말처럼 내 모습하고 딱 어울리는 순미. 게다가 나는 머리까지 짧았다. 멋이라곤 하나도 없는 어중간한 단발. 순미가 아니라 수미만 되었어도 이렇게 촌스럽지는 않았을 것이다.

"너는 다이애나 닮았다. 《빨간 머리 앤》에 나오는 다이애나. 그 책 읽을 때 상상했던 다이애나의 모습하고 정말 비슷해. 나도 그런 친구가 있었으면 했거든."

"다이애나? 정말이니? 나도 《빨간 머리 앤》 좋아하는데. 내가 다이애나 닮았다는 건 최고의 칭찬인걸? 근데 너 그 책 다 읽었니?"

리나가 동그란 눈을 빛내며 물었다.

"응, 우리 집에 세계 명작 전집이 있어. 아빠가 생일 선물로 사 주셨거든."

"진짜? 나는 2권까지밖에 못 봤는데. 도서관에서 빌려 보려는데 만날 대출 중이라서 엄마한테 사 달라고 조르는 중이야. 그런데 이제 너한테 빌려 읽으면 되겠다. 괜찮겠지?"

나는 리나가 친근하게 말해 주는 것이 기뻤다. 집에 그 책이 있다는 게 고마울 정도로 말이다.

"언제 너희 집에 한 번 가자. 우리 집에도 놀러 오고. 네가 다이 애나 닮았다고 하니까 기분 좋다!"

리나가 깔깔거리면서 말했고, 이제야 내가 이 교실에 소속돼 있다는 실감이 났다. 투명 인간이 되게 하는 망토가 벗겨진 기분이랄까. 서울로 전학 와서 처음으로 즐거운 하루였다. 맘에 들어 하던 리나와도 좋은 친구가 될 것 같은 예감…… 순미도 기분 좋아!

4 아빠가 떠난다고?

"학교 다녀왔습니다!"

나는 어느 때보다 경쾌하게 인사하며 집으로 들어섰다. 학교에서 기분 좋은 일이 있어서인지 집에 오는 길도 다른 날과 달랐다. 리나처럼 새엄마와도 친해질 수 있을 것 같은 느낌이 들었다.

"그래도 이 정도일 줄은 몰랐다고요. 아니, 어떻게 이렇게까지 사람을 감쪽같이 속일 수가 있어요? 앞으로 살 길을 함께 생각해야죠. 그래, 언제까지 나 모르게 하려고 그랬어요?"

내가 들어온 것도 들리지 않았는지 안방에서 새엄마의 목소리가 계속 이어졌다. 아무래도 무슨 일이 있는 것 같았다. 새엄마의 목소리가 높고 격앙된 것이 심상치 않은 분위기가 느껴졌다.

"미안해. 그렇지만 당신을 일부러 속이려고 했던 건 아니야. 어쩌다 보니…… 하던 일이 갑자기 이렇게 될 줄 누가 예상이나 했겠어? 당신 걱정 안 끼치고 내가 어떻게 해결하려고 했는데 잘 안 됐어. 정말 미안해."

아빠의 말소리도 들려왔다. 이 시간에 아빠가 회사도 안 나가고 왜 집에 있는 것일까? 나는 불안한 마음에 조용조용 내 방으로 들어와 앉았다. 물론 귀는 안방 문 앞에 내려놓았다.

가만히 들어보니 아빠는 지금까지 일을 하고 있던 것이 아니라 새엄마 몰래 나가는 척만 하고 있었던 모양이다. 하던 일이 잘 안 돼서 그만두게 됐고, 차마 그걸 말하지 못하셨다는 것이다. 새엄마는 그런 사실을 숨긴 것에 화가 많이 나신 것 같았다.

"해외에서 건설업을 하는 친척 어른이 있어요. 당신만 좋다고 하면 일자리를 마련해 주실 거예요. 외국에서 건물 짓는 일이라 고생스럽겠지만, 마음만 먹으면 목돈을 마련하는 것도 여기보다는 수월하대요. 당신 하는 일하고도 영 상관없는 것도 아니고. 여기서 계속 마주앉아 얼굴 붉히고 있으면 뭐 하겠어요. 오히려 잘됐어요. 우리 앞날을 생각하면 이번 일이 기회가 될지도 몰라요"

새엄마의 말에 아빠는 더 이상 대답하지 않았다. 대답을 하지 않았다는 건 반대하지 않는다는 뜻인데, 외국으로 가야 한다면…… 한동안 아빠와 같이 있을 수 없다는 말이잖아? 외국으로 나가면 아빠도 많이 힘드실 텐데…… 음식도 입에 맞지 않고, 날씨도 그렇고, 말도 통하지 않을 텐데…….

텔레비전 프로에서 보니까 외국은 강아지가 짖는 소리도 우리랑 다르다고 하던데…… 미국의 멍멍이들은 '바우와우'라고 짖고, 우리나라는 '멍멍'이라고 한단다. 이 정도로 다르게 표현한다는 데 정말 큰일이다.

이렇게 작은 것도 서로 통하지 않는데 그런 곳에서 어떻게 지내지? 만약 편찮으시기라도 하면 병원에는 어떻게 가지? 그뿐이겠어? 말도 안 통하고 글도 안 통하는데…… 우리는 '개'라고 하는 것을 영어로는 'DOG'라고 하는 것처럼, 각기 다른 언어는 서로 어떤 비슷한 것이나 연관성이 전혀 없다고 들었다. 글이라는 것이 민족이나 각 나라가 자신들의 필요에 따라 만들어 사용하고 있는 것이기 때문에 완벽하게 배우는 것은 더욱 어려울 것이고…… 나는 이런 상황에 어떻게 해야 할지 아무 생각도 나지 않았다.

그런데 또 다른 걱정이 밀려왔다. 이 집에서 낯설지 않은 것은 아빠 한 명뿐인데 아빠가 외국으로 떠나면 나는 새엄마와 단둘이 지내야 한다. 정말이지 생각만 해도 마음이 무거워졌다.

그때 방문이 열리며 새엄마와 아빠가 나오셨다.

"순미 벌써 와 있었구나."

아빠가 나에게 알은체를 했지만 나는 대답하지 못했다. 뒤따라 나오는 새엄마의 모습에 너무 놀랐기 때문이다. 새엄마는 글쎄, 그 길고 구불거리는 머리를 자르고 빠글빠글 아줌마 파마를 하고 있었던 것이다! 다른 아줌마들처럼, 고모처럼, 그 짧고 촌스러운 파마 머리 말이다!

내가 새엄마에게 좋은 점수를 주었던 것이 그 긴 파마 머리였는데, 나에게 아무 말도 없이 저렇게 잘라 버리다니. 도대체 왜 그랬을까!

"아까 왔으면 순미도 우리 얘기 대충 들었겠네. 당신이 잘 얘기해 줘요. 나는 시장에 좀 다녀올게요."

그동안 새엄마의 얼굴이 어두웠던 것이 아빠의 실직 때문이었던 모양이다. 지금도 편치 않은 얼굴을 하고 새엄마는 밖으로 나가셨다. 생활이 어려워진다는 건 기분이 좋지 않다는 뜻인가 보다. 곱고 예쁘던 새엄마의 표정이 저렇게 된 걸 보면 말이다. 하긴 나도 돈이 없어서 갖고 싶은 걸 사지 못할 때 기분이 나쁘긴 하다.

아빠가 돈을 많이 벌어야 새엄마의 기분도 좋아지고 나도 편해질 텐데…… 아빠도 없는 집에서 새엄마와 둘만 있을 걸 생각하니 벌써부터 마음이 편치 않다. 하지만 아빠가 일을 안 하셔서 새엄마의 기분이 좋지 않은 것도 편치 않기는 마찬가지다. 둘 다 문제지만 결국 아빠가 일을 하러 가는 것으로 정해지겠지. 돈을 벌지 못하면 생활을 할 수 없으니까. 어차피 내가 가지 말란다고 가지 않을 것도 아니고…….

"순미야, 떨어져 지내는 것이 좀 불편하겠지만 참고 기다려줘. 아빠가 열심히 일해서 돈 많이 벌어 올게. 새엄마가 잘해 주실 거야. 알았지?"

아빠가 내 표정을 살피며 조심스럽게 말했다.

"걱정 마세요. 제가 뭐 어린앤가요."

'아빠, 가지 마세요. 새엄마하고 둘만 있기는 싫어요.'

속으로 이런 말을 하고 있었지만 막상 생각과는 다른 말이 나왔다. 이만큼 커서도 아빠를 걱정시킬 수는 없었다. 속마음과 다른 얘기를 하는 내숭쟁이가 이럴 때는 도움이 되었다.

"고맙다, 우리 순미 이제 다 컸구나. 그럼, 누구 딸인데?"

아빠가 내 머리를 쓰다듬으며 말씀하셨다. 아빠와 나는 같이 지낸 시간보다 떨어져 지낸 시간이 더 많다. 아빠라서 아빠이지, 어쩌면 새엄마와의 거리감과 별반 다를 것도 없을지 모른다.

새엄마는 시장에서 돌아온 후 말없이 저녁상을 차렸고, 우리는 이제까지보다 더 조용히 밥을 먹었다.

그리고 며칠 뒤 아빠는 외국으로 떠났다. 그래도 이렇게 빨리 가 버릴 줄은 몰랐는데…… 괜찮다고 대답은 했지만, 막상 저녁마다 돌아오지 않을 아빠 생각을 하면 눈물이 날 것 같았다.

데리다는 누구인가

　어린 시절 축구 선수가 꿈이었던 자크 데리다는 유명한 철학자가 되기까지 많은 역경이 있었습니다. 하지만 데리다는 그 많은 역경을 이겨 내고 대학 교수가 되었습니다.

　데리다는 처음 중·고등학교 선생님이 되기 위해 파리에 있는 고등 사범 대학교에 입학하였습니다. 그러나 데리다는 사범 대학교에서 철학에 관심을 갖게 되어 학교를 졸업한 후 철학 교수가 되기 위해 교수 자격 시험에 응시, 당당히 합격합니다. 그러나 데리다는 이에 만족하지 않고 철학을 더 공부하기 위해 미국행을 결심하게 됩니다.

　데리다는 하버드 대학교 장학금을 받아 미국으로 유학을 갔고 공부를 마치고 다시 파리로 돌아왔습니다. 그리고 파리에 있는 소르본 대학교, 모교인 파리 고등 사범 대학교에서 철학을 가르치면서 점차 데리다라는 이름을 알리게 되었습니다. 그의 명성이 점점 높아지자, 미국의 예일 대학교에서는 데리다에게 교수로 와 주기를 부탁했고 데리다는 이를 수락합니다.

예일 대학교로 간 데리다는 그곳에 있는 유명한 철학자들과 함께 더 깊이 있는 철학을 연구하게 됩니다. 사람들은 이들을 '예일학파'라고 불렀는데, 이 학파를 통해 데리다의 해체에 관한 이론이 미국에 알려지기 시작해, 전 세계적으로 영향력이 커지면서 유명한 현대 철학자가 된 것입니다.

그럼 잠시 데리다가 살았던 시대 상황을 알아볼까요? 1938년 독일은 오스트리아를 점령합니다. 이어서 독일이 체코와 헝가리를 공격하면서 1939년 제2차 세계대전이 시작됩니다. 영국과 프랑스는 참지 못하고 독일에 선전 포고를 했습니다. 하지만 독일은 프랑스와 영국의 연합군을 물리치고 1940년 파리를 공격하여 점령하게 됩니다.

당시 프랑스의 수상이었던 레이노는 미국에 도움을 요청했지만 거질당했고 어쩔 수 없이 1940년 6월 16일 수상직에서 물러나게 되었습니다. 그 뒤를 이어 프랑스 수상이 된 사람이 바로 페탱입니다. 그리고 당시 프랑스 국회의원들은 독일과 전쟁을 할 것인가 말 것인가를 두고 고민하게 됩니다. 전쟁으로 인해 아름다운 파리의 많은 문화유산들이 부서지고 파괴될 것을 걱정했기 때문입니다.

프랑스의 국회의원들은 결국 독일과의 전쟁을 계속할 것인가 말 것인가에 대한 결정을 내리지 못한 채, 페탱에게 그 결정권을 넘겨

주었습니다. 하지만 히틀러를 좋아했던 페탱은 히틀러의 편에 섰습니다. 페탱은 수상이 된 다음 날인 1940년 4월 17일 독일에 항복하고 맙니다. 결국 프랑스는 히틀러 편에서 프랑스를 지키려고만 했던 것이지요.

그러나 프랑스의 자유와 평등, 박애 정신을 사랑한 사람들은 지하 조직인 레지스탕스를 조직해 히틀러와 싸웠습니다. 그리고 이 레지스탕스를 이끈 사람이 바로 유명한 드골 장군입니다. 드골과 레지스탕스의 도움으로 프랑스는 독일과의 전쟁에서 승리할 수 있었습니다.

데리다가 어린 시절을 보낸 알제리가 프랑스의 식민지 국가였다고 했죠? 데리다도 어머니가 유대인이었기 때문에 알제리에서 학대를 많이 받았습니다. 이때 데리다 또한 레지스탕스의 저항 운동에 대해서 많은 것을 보고 배웠나 봅니다. 유명한 철학자가 된 데리다는 1980년대부터 시작된 동유럽의 민주화 운동에 앞장 섰습니다. 특히 프라하에서 체코 공산당에 저항한 지식인들의 편에 섰다가 체포되기도 했습니다.

하지만 프랑스 정부는 유명한 철학자인 데리다를 살리기 위해 체코 공산당과 협상해 데리다는 다치지 않고 풀려 날 수 있었습니다. 체코에서 풀려 난 그는 다음 해부터 국제 철학 학교를 세우기 위해 노력했으며 마침내 1983년 국제 철학 학교를 설립해 초대 교장으로 취임

하였습니다.

 이 외에도 데리다는 남아프리카공화국 최초의 흑인 대통령이었던 넬슨 만델라를 위해서도 많은 일을 했습니다. 만델라가 남아프리카 공화국에서 민주화 운동을 하다 사형 선고를 받고 감옥에 있을 때, 데리다는 그를 살려야 한다고 주장하였습니다. 뿐만 아니라 팔레스타인의 지식인들과 만나 정치·사회적인 문제를 논의하고 현실에 참여했던 철학자로 잘 알려져 있답니다.

 2004년 사망한 데리다는 죽기 직전까지 파리에 있는 고등사회과학연구원에서 철학을 가르치면서 많은 책을 집필했습니다.

리나와 아줌마

 "나는 로고스를 사랑한다."

－자크 데리다

1 우리 집에 놀러 와

"오늘은 우리 집에 가자. 집에 아무도 없거든."

학교에 가자마자 리나가 나에게 말했다.

"우리 엄마는 뭐가 그렇게 바쁜지 하루 종일 집에 계신 적이 없어. 밖에 껌이라도 붙여 놨나 봐. 회사를 다니는 것도 아니면서 말이야."

내 대답은 듣지도 않고 리나가 쉬지 않고 조잘거렸다.

"우리 엄마는 사회를 변화시키는 게 꿈이래. 뭘 그렇게 변화시키겠다고 하는지 모르겠지만 말이야. 나는 우리 엄마가 먼저 좀 변했으면 좋겠어. 반찬을 맛있게 만드는 변화! 우리 엄마 음식은 얼마나 맛이 없는지 무진장 배가 고프지 않고는 도무지 먹을 수가 없을 정도라니까. 오죽하면 토하기까지 했겠어."

리나와 나는 얼굴을 마주 보다가 '푸훗' 웃음을 터뜨렸다. 그러고 보니 나의 학교 생활을 즐겁게 만들어 준 리나의 엄마가 꼭 보고 싶어졌다. 그 고마운 아줌마를 말이다.

리나의 말은 계속 이어졌다. 리나는 말이 좀 많은 것이 흠이지만, 지금 이 순간은 말을 많이 할 수 있다는 게 부러웠다. 엄마에 대해 할 말이 그렇게 많을 수 있다니. 엄마와 친해야 아는 것도 많고 할 말도 많은 것인데, 나는 새엄마에 관해 할 말이 없었다.

"수업 끝나고 바로 가는 거야, 알았지?"

선생님이 들어오시자 리나는 얼른 수다를 마감했다. 수업 시간에 떠드는 것을 제일 싫어하는 선생님인지라 말 많은 리나도 수업 시간엔 지퍼를 채우듯 입을 닫아야 했다.

리나네 집을 처음 간다는 생각 때문인지 5교시도 금방 끝이 났다. 마지막 종이 울리기가 무섭게 우리 둘은 총알같이 교문을 빠져나왔다. 우리는 누가 쫓아오는 것도 아닌데 달리기 시합이라도 하듯 달렸다. 리나네 집은 학교에서 15분 정도 떨어진 곳에 있었는데 우리는 4분 만에 도착하는 신기록을 세웠다.

"우, 우리 육상부…… 선수 할까?"

리나가 숨을 헐떡이며 말했다.

"내가, 더 빠르니까, 너는 물 당번 해."

나도 목까지 숨이 차올라서 헥헥거리며 대답했다.

"무슨 소리야! 너 봐주느라고 일부러 천천히 뛴 거라고."

지기 싫어하는 리나가 발끈해서 소리쳤다.

"아이고, 숨이야, 그래, 육상부고 물 당번이고, 너 혼자 다 해. 나는 빠질 테니."

내가 손을 흔들며 말하자 리나가 나를 보고 히쭉 웃었다. 그 모습에 나도 웃음이 나와 우리는 마주 보고 한참을 깔깔거렸다.

"엄마는 집에 없을 거야. 우리 둘만의 집이지. 자, 미지의 공간으로 출발!"

리나가 팔을 쭉 뻗으며 집 안으로 들어갔다. 나도 리나의 뒤를 따랐다.

으리으리하진 않았지만 리나네 집은 역시 우리 집보다 넓고 좋았다. 거실 한쪽에는 근사한 피아노도 놓여 있었다. 피아노 치는

것이 소원이던 나에게는 그것이 제일 부러웠다.

"너 피아노 잘 쳐? 좋겠다, 나도 배우고 싶었는데."

"야, 말도 마. 하기 싫은 거 억지로 배우느라 혼났어. 지금은 안 해. 엄마는 내가 피아노에 재능이 있는 줄 알았나 봐. 체르니도 겨우 배웠어. 이제는 그것도 잘 생각 안 난다. 너도 배울 생각 하지 마. 얼마나 재미없는데."

리나야 이미 해 봤으니까 저런 소리를 하는 거겠지…… 나는 아쉬운 듯 피아노를 한번 만져 보고는 집을 한 바퀴 둘러보았다. 그런데 저쪽 구석에 무슨 나무 판자들이 세워져 있었다. 학교에서 캠페인할 때 맨 앞에 서 있는 애들이 들고 있는 피켓 같은 것이었다. 가만 보니 피켓마다 뭐라고 쓰여 있었다.

"이건 뭐니? 누가 캠페인이라도 하고 다니는 거야?"

궁금해진 내가 묻자 리나가 대답했다.

"맞아, 바로 우리 어머니께서 쓰시는 거야. 우리 어머니가 보통 분이셔야지. 우리 엄마는 자칭 운동가야, 시민 운동가."

리나가 대수롭지 않다는 듯 말했다. 시민 운동가라면 1인 시위 하고 뭐 그러는 것 아닌가?

"사회를 변화시키고 싶은 게 꿈이라더니, 이런 거였구나. 너희

엄마, 그럼 매일 이런 거 들고 길거리에 서 있는 거야?"

"매일은 아니고, 피케팅할 때. 보통은 단체에 나가고, 협회도 참석하고, 뭐 그래. 나도 엄마의 정확한 정체를 모르겠다니까."

부엌에서 리나의 대답이 들려왔다. 리나는 빵과 우유를 가져왔고, 내 옆에 앉아 계속 재잘거렸다.

"이 피켓을 보고 있자면 나도 학교 가서 시위하고 싶어지더라. 왜 우리 반에 여자애들 괴롭히는 형철이 있잖아, 그리고 그 일당들. 만날 나한테 이리 나오너라, 이러는 녀석, 정말 밥맛이야. 그애들 정신 차리도록 시위하고 싶어진다니까."

그러더니 리나는 갑자기 장난끼가 발동했는지 피켓 하나를 집어 들고 큰 소리로 외쳤다.

"박형철과 그 일당들은 각성하라! 각성하라!"

그 모습이 하도 우스워 나는 배꼽을 잡고 웃었다. 하나뿐인 관객이 재미있어 하니까 리나는 더 신이 나서 외쳤다.

"무뚝뚝이 담탱이는 웃음을 보여 달라!"

우리 담임선생님 얘기였다. 한 번도 웃는 모습을 보인 적이 없어서 애들 사이에선 무뚝뚝이로 소문나 있는 선생님인데, 리나의 주장에 나는 진심으로 동조하며 후렴을 같이 외쳐 주었다.

"웃음을 보여 달라!"

웃음을 보여 달라고 해 놓곤 도리어 우리가 우스워져서 리나와 나는 터져 나오는 웃음을 참으며 킬킬거렸다.

"빠글이 아줌마들은 그런 머리 하지 마라!"

리나의 세 번째 주제에 나는 웃다가 그만 뒤로 넘어가고 말았다. 이런 시위를 보면 사람들이 어떤 반응을 보일까? 생각할수록 재미있어졌다.

"어! 엄마, 이 시간에 웬일이에요?"

눈물이 찔끔 나도록 웃던 리나가 갑자기 말했다. 리나의 말에 현관 쪽을 보니 리나의 엄마가 언제 오셨는지 들어와 계셨다.

2 아줌마의 정체?

"리나 친구가 와 있었구나. 오늘은 회의가 좀 일찍 끝나서 집에 와
서 쉬려고 들어왔지. 그런데 너희들 뭐하고 있던 거야? 무슨 시위
라도 하려고?"

"아니요, 엄마 흉내 내기 놀이요. 히히히."

리나의 말에 엄마가 피식 웃었다. 그러고 보니 리나의 엄마도 새
엄마처럼 빠글빠글한 파마를 하고 있었다. 리나처럼 멋을 낸 세련
된 아줌마일 거라고 생각했는데.

"그 피켓들은 다 엄마의 역사이자 생활이야. 망가뜨리면 안 돼."

아줌마의 말을 들으니 장난감처럼 보였던 피켓이 다시 보였다. 그렇잖아도 피켓 중에 그림이 그려져 있고 영어 같은 것이 쓰여 있는 것이 있어 궁금하던 참이었다.

"이게 다 의미가 있는 것들이에요? 한글로 써 있는 것 말고는 무슨 뜻인지 잘 모르겠던데……"

내가 묻자 리나가 얼른 말을 이어 받았다.

"엄마, 이 기회에 엄마의 정체도 좀 밝혀 주세요. 이런 뜻 모를 판자때기들을 들고 어딜 그렇게 다니는지, 저도 궁금하다고요."

"딸이 엄마 하는 일도 모르다니, 원. 엄마가 얼마나 의미 있는 일을 하고 있는지 알려줄 필요가 있겠는걸. 자, 일단 옷 갈아입고 나올게. 잠깐만 기다려."

아줌마는 시원스럽게 대답하며 방으로 들어갔다. 리나는 오랜만에 엄마와 같이 얘기하게 된 것에 무척 신이 나 있는 것 같았다. 리나 말로는 엄마 얼굴 보기가 회사 다니는 아빠만큼이나 어렵다고 했다. 그러니 이런 낮 시간에 대화를 나눈다는 것만으로도 기분이 좋은 모양이다. 나는 새엄마와 매일 같이 있는데도 좋지 않은데 말이다.

잠시 기다리니 리나의 엄마가 나왔다.

"아까부터 저게 제일 궁금했어요. 저기, 저 그림이오. 저건 무슨 뜻인가요?"

맨 처음 봤을 때부터 무슨 기호 같은 것이 그려져 있기에 매우 궁금했던 참이었다. 내가 묻자 아줌마가 싱긋 웃으며 대답했다.

"저건 원자력 표시란다. 전에 원자력 발전소 짓는 것에 반대하는 운동을 할 때 썼던 피켓이지. 원자력 발전소는 발전기를 돌리면서 사용한 물을 바다로 흘려보낸단다. 그런데 이때의 물은 뜨거운 물이라서 바닷물의 온도가 평균보다 많이 오르게 돼. 이런 일이 반복되면 원래 그곳에 살던 바다 생물이 사라지고, 생태계에 나쁜 영향을 끼치게 되지. 그래서 원자력 발전소를 짓지 말자는 운동을 했던 거야. 현재로서는 에너지 발전도 꼭 필요하지. 그러니까 기왕 발전을 하려면 생태계에 영향을 주지 않는 친환경적 개발을 하자는 게 목적이었지."

아, 그렇구나. 그제야 궁금증이 풀린 나는 영어로 쓰인 피켓도 가리키며 그 의미를 물었다. 아줌마는 우리나라에서 죄를 지은 미군은 우리나라에서 재판을 해야 한다는 시위를 할 때 썼던 피켓이라고 했다. 영어의 뜻을 몰라서 당연히 내용도 몰랐는데 설명을 들으니 고개가 끄덕여졌다.

"기호만으로도 아주 간단하게 뜻을 전할 수 있는 거네요. 그 의미를 아니까 기호가 글자처럼 보이는걸요."

나의 말에 아줌마는 아주 반가운 얼굴로 대답했다.

"그래, 기호가 빠르게 의미를 전달해 주기도 하지. 글자도 하나의 기호란다. 한글에서는 자음과 모음이라는 기호를 결합하여 글자를 만드는 거란다."

3 말이 먼저? 글이 먼저?

"그런데 말이야…… 어떻게 저 기호를 보고 원자력이라는 의미를 우리가 생각할 수 있는 거죠?"

리나가 갑자기 궁금하다는 듯 물었다.

"우리 딸이 엄마가 뭘 말하고 싶어 하는지 어떻게 알았을까? 호호호. 그렇잖아도 그 얘기가 나오길 바랐는데 말이야."

아줌마는 리나의 말을 기다렸다는 듯 대답했다.

"엄마는 뭐든지 설명하는 걸 좋아하잖아요. 듣는 사람 지겨워하는 것도 모르고……."

"내가 그랬나? 그런데 지겹다고? 그래도 열심히 들어 둬, 피가 되고 살이 되는 얘기니까. 아는 것이 힘! 그런 말도 있잖아. 엄마가 다 너희들한테 도움 되라고 가르쳐 주려는 거야."

"치, 말하는 게 취미라서 그런 거잖아, 뭐."

"너도 그렇잖아."

내가 리나를 보면서 한소리 하자 리나가 살짝 눈을 흘겼다.

"그럼 누구 딸인데 말이 없겠어. 어쨌거나 엄마가 너에게 들려줄 오늘의 주제가 바로 말, 즉 로고스에 대한 얘기야."

"로고스요?"

우리들은 처음 듣는 말에 입을 모아 물었다.

"그래, 로고스. 로고스는 '말하다'라는 뜻을 지닌 고대 그리스어란다."

아줌마는 꽤 유식한 사람인가 보다. 저렇게 어려운 말도 다 알고 있으니 말이다. 저렇게 아는 게 많은 엄마를 둔 리나는 좋겠다, 나는 순간 그런 생각이 들었다.

"엄마가 여러 가지 시민 운동에 참여하면서 알게 된 철학자가 있는데, 대표적으로 자크 데리다라는 사람이 있어. 데리다가 주장한

'해체'에 대해 공부를 하면 할수록 참 매력이 있는 철학자라는 생각이 들더구나."

"해체? 데리다? 우리 선생님이 언젠가 얘기했던 그 철학자 같은데?"

리나의 아는 체에 나도 전학 온 첫날 무뚝뚝이 선생님에게 들었던 기억이 났다.

"그런데 로고스와 그 데리다인지 다리미인지가 무슨 관계가 있어요?"

리나가 이해가 안 된다는 듯 물었다.

"고대 그리스 사람들은 로고스를 아주 중요하게 생각했단다. 로고스는 어떤 사물의 의미를 한정하는 법칙 같은 것을 뜻해. 모두가 인정할 수 있어야 하고, 사람들이 이 법칙을 인식하고 그것을 따르는 이성을 뜻하는 거야. 자, 그러면 여기서 질문 하나 할게. 말이 먼저 생겼을까 아니면 글이 먼저 생겼을까?"

"말이오! 사람들이 말을 하다가 기록하고 싶은 것들이 있어서 글을 만들었다고 배웠어요."

"그래, 고대 사람들은 말이 먼저 생겼고 그 말을 표현한 것이 글자라고 했지. 말이 더 중요한 것이라는 생각이 오늘날까지 이어지

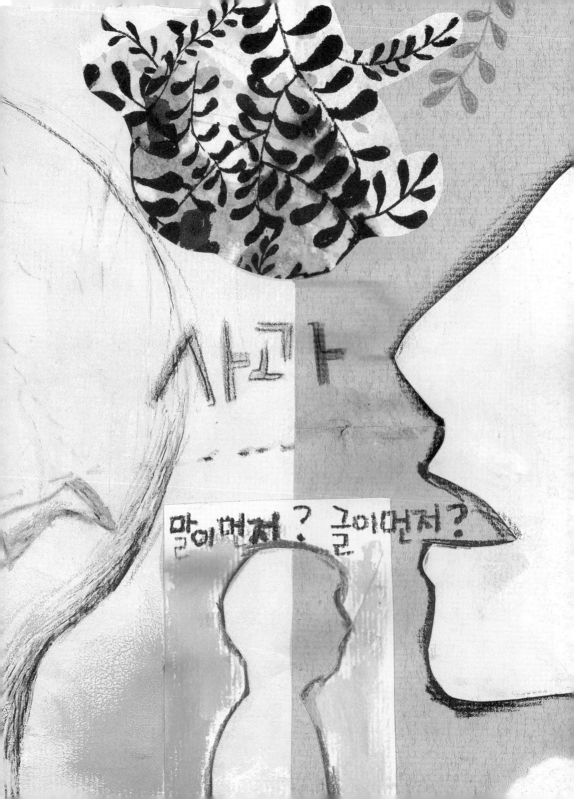

고 있다고 보았던 거야. 그런데 데리다는 말을 중심으로 모든 것을 결정하려는 생각들을 해체해야 한다고 주장했던 거란다."

나는 아줌마의 말이 이해되지 않아 다시 물어볼 수밖에 없었다.

"왜요? 글보다 말이 먼저이고 그게 더 중요한 거 아니에요? 전래 동화도 그렇고, 어린아이들이 말을 먼저 하는 것을 봐도 그렇고, 글자보다 말이 먼저인 것 아닌가요? 말이 먼저고 글자가 나중이고…… 그렇지 않나?"

"그 생각이 고대 그리스로부터 이어져 서양 사상의 바탕이 되었단다. 그런데 데리다는 그걸 반대로 생각했던 거지. 바로 말과 글의 순서를 해체하라고 주장한 거야."

"아니, 그러니까 왜 반대로 생각했냐고요. 말이 있어야 글자가 있는 거잖아요."

리나도 나와 생각이 같았나 보다. 바로 내가 묻고 싶은 걸 물어보니 말이다. 아줌마는 우리의 질문이 만족스러운지 빙긋 웃으며 대답했다.

"대부분의 사람들이 그렇게 생각해 왔지. 그런데 데리다는 같은 사물이라도 말을 할 때와 글로 쓸 때는 분명히 차이가 있다고 생각했어."

"차이요?"

"저기 창문으로 뭐가 보이니?"

아줌마가 갑자기 바깥을 가리키며 우리에게 물었다.

"음…… 구름, 하늘, 나무, 가로등……."

리나의 대답에 아줌마가 다시 물었다.

"그럼, 저기 창문에 비친 것과 원래 그 사물은 차이가 있을까 없을까?"

"당연히 있지 않나요? 창문에 비친 것은 진짜가 아니잖아요."

이번에는 내가 얼른 대답했다. 알쏭달쏭한 아줌마와의 대화가 은근히 재미있었다.

"그럼 진짜가 아닌 것과 진짜는 무엇이 더 중요할까?"

"진짜가 더 중요하겠죠."

"그렇다면 사람의 말을 글로 표현했을 때, 어떤 것이 더 진짜일까? 글일까, 아니면 말일까?"

"……."

리나와 나는 얼굴을 마주 보며 고개를 갸웃거렸다. 이거야말로 진짜 알쏭달쏭했다.

"어렵지?"

아줌마는 우리의 갸웃거리는 모습이 재미있는지 푸홋 웃으면서 말을 이었다.

"데리다는 글이 진짜라고 생각했단다. 말은 단지 창문에 비친 허상과 같은 것이라고 생각했지. 그런데 많은 사람들은 글자보다 말을 더 중요한 것으로 잘못 생각하며 살았다고 주장한 거야. 그렇기 때문에 그런 잘못된 말을 해체해야 한다고 했던 거지. 그래야 진짜인 글이 나타난다고 말이야."

진짜인 글? 글과 말에 진짜 가짜가 있다고? 해체? 그건 또 뭘까? 아줌마의 설명이 이어질수록 더 모르게 되는 것 같았다. 그때 아줌마가 갑자기 탁자에 놓인 사과를 집어 들고 우리에게 물었다.

"자, 이 사과를 봐. 이걸 보면 어떤 생각이 드니?"

"음…… 빨갛고 새콤달콤하고 맛있다는 생각이오."

그러자 아줌마는 탁자 아래 있던 종이를 꺼내 '사과'라는 글자를 적어 우리에게 보여 주면서 물었다.

"그럼 이걸 보면?"

"머릿속에 사과가 떠올라요. 동그랗고 맛있고 아삭아삭한 사과."

아줌마가 고개를 끄덕이며 말했다.

"실제의 사과를 보면서 드는 생각과 '사과'라는 글자를 보면서 드는 생각이 똑같지? 그런데 사과가 정말 다 새콤달콤하고 동그랗고 맛있기만 할까? 얼마 전에 신문을 보니까 네모난 사과도 나왔다고 하던데? 그리고 어떤 사과는 정말 맛없는 것도 있고 말이야."

아줌마의 말을 듣고 보니 정말 그랬다. '사과'를 생각하며 떠올리는 것이 꼭 사과의 전부는 아니었으니 말이다.

4 시니피앙과 시니피에

"너희들에게 조금 더 단계를 높여 가르쳐 주어야겠다. 시니피앙과 시니피에라는 건데……."

"아아, 엄마! 지금 내 머리를 터지게 하려고 그러는 거죠! 순미야, 너는 괜찮니?"

리나가 엄살을 떨며 말했다. 나도 물론 리나 못지않게 머리가 터질 지경이었다.

"호호호, 말이 좀 어렵지? 프랑스 말인데, 시니피앙은 표현이고,

시니피에는 의미야. 표현과 의미, 기표와 기의라고 하지."

"기표라면 우리 반 뚱땡이 최기표 아니야?"

리나가 낄낄 웃으며 농담을 했다.

"진지하게 좀 들어! 순미 봐라. 눈이 얼마나 초롱초롱하니?"

나도 실은 '그렇다면 기의는 최기표 동생일까' 라는 생각을 하고 있었는데…… 헤헤, 아줌마의 칭찬에 나는 의쓱해져서는 진짜 눈을 초롱초롱하게 떴다.

"기호는 두 가지로 구성되어 있단다. 하나는 시니피앙이고 다른 하나는 시니피에라는 건데, 시니피앙은 그림이나 글과 같은 것을 말하고, 시니피에는 그 그림이나 글이 갖고 있는 우리의 생각을 말하는 것이란다."

나는 잘 이해가 되지 않아 아줌마를 뚫어지게 쳐다봤다. 열심히 보고 있으면 무슨 깨달음이 오지 않을까, 라는 생각에서 말이다.

"아까 우리가 나눈 얘기에 벌써 다 그 뜻이 있었던 거야. 자 봐, '사과' 라는 글자, 혹은 사과의 그림, 이런 것이 시니피앙이고 사과에 대해 갖고 있는 우리의 생각, 즉 새콤달콤하다, 동그랗다, 맛있다, 라는 이런 생각들이 시니피에라는 거지."

정말 열심히 보고 있었더니 깨달음이 오는 것 같았다. 이제야 아줌마의 말이 차츰 이해되기 시작하니 말이다.

"그렇다면 시니피에는 어디에서 올까?"

"경험에서 오는 거겠죠. 사과를 먹었던 경험, 직접 눈으로 봤던 경험이오."

아줌마의 말에 내가 대답했다.

"그래, 맞아. 그런 경험은 직접 할 수도 있지만, 간접적인 경험도 있겠지? 네모난 사과가 생산됐다는 뉴스를 들었다든가, 쓴맛이 나는 사과, 혹은 벌레가 들어 있는 사과에 대해 누군가의 얘기를 들었다거나, 자신이 직접 봤다거나 하는 이런 직·간접적인 경험은 모든 사람이 같을까?"

"당연히 다르겠죠."

"데리다는 바로 그것을 '환상' 또는 '비슷한 경험'이라고 말했지. 간접적으로 경험한 것은 우리의 상상력일 뿐이며, 그것에 대한 시니피에, 즉 그 의미는 우리의 것이 아니라는 거야. 그러니까 글자는 시니피에 없이, 글자 그대로 보아야 한다는 것이 데리다의 주장이야. 그게 바로, 이전부터 우리가 가지고 있었던 말과 글에 대한 생각을 해체하자는 의미야."

뭔가 분명하지는 않지만 이해가 되는 것 같았다. 글자에 대해 생

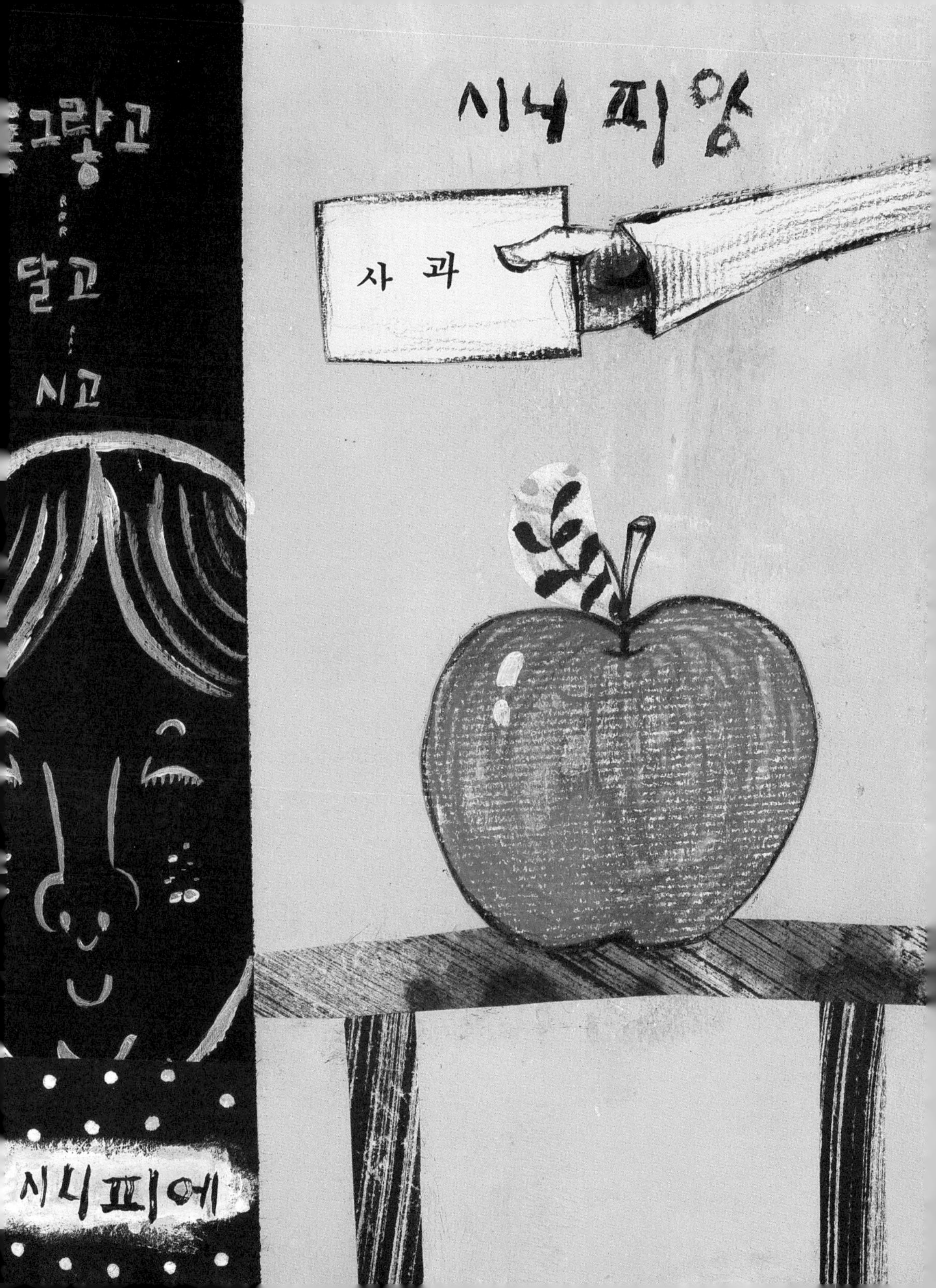
시니피앙
사과
그랗고
달고
시고
시니피에

각 떠올리기를 함부로 하지 말라는 의미…… 그런 것 아닐까?

"데리다는 또 어떤 사물을 가리킬 때 글자가 없으면 그것이 무엇인지 모른다고 말했어. 우리가 있다고 생각하는 사물은 모두 우리의 생각이기 때문이야. 아까 말했듯이 그런 사물은 단지 환상이라는 거지. 예를 들어 '사과'라는 사물에 대해 사람들은 각자의 생각에 따라 설명하기 마련이잖아? 그렇지만 꼭 그런 사과만 있는 것은 아니야. 그러니 우리가 '맛있는 사과'라는 건 환상이라는 거야. 그런데 사람들은 문장 속에 있는 글자를 보면서 자기가 경험한 것을 상상하게 되지. 데리다는 바로 그런 의미인 시니피에를 해체해야 한다고 주장했어. 글자를 글자 그대로만 이해해야지 다른 것과 연관시켜 이해하지 말라고 말이야."

그때 조용히 듣고 있던 리나가 기지개를 켜며 말했다.

"엄마한테 붙잡히면 얘기가 끝이 없다니까. 아직 멀었어요?"

"얘는, 암튼 머리 쓰는 거 너무 싫어해서 문제야. 이런 얘기 아무 데서나 들을 수 있는 줄 아니? 좋은 선생님 만나 고마운 줄도 모르고 말이야. 순미야, 너도 지루하니?"

아줌마가 리나를 흘겨보다가 나에게 물었다.

"저는 재미있는걸요. 말과 글자를 가지고 이렇게 복잡한 생각을 한다는 게 신기해요."

내 말에 아줌마는 담뿍 웃으며 다시 리나를 흘겨봤다.

"순미 학구적인 것 좀 봐라. 같이 다니면서 이런 것 좀 배워. 만날 머리 모양이나 신경 쓰지 말고."

"엄마는 참! 아이들 교육에 제일 나쁜 게 뭔지 알아요? 비교예요, 비교! 친구 앞에서 딸 망신이나 주고⋯⋯."

리나가 팩 토라져서 엄마에게 말했다.

"그러니까 같이 잘 들어 둬. 이런 거 알아 두면 논술하는 데도 얼마나 도움이 많이 된다고."

아줌마의 말에 리나는 들릴 듯 말 듯 구시렁댔다.

"한 가지 물어보자. 너희는 '엄마'라고 하면 뭐가 연상되니?"

"잔소리쟁이!"

리나가 냉큼 대답했다.

"네가 잔소리 들을 행동을 하니까 그렇지, 엄마가 괜히 잔소리하니? 네가 알아서 척척 해 봐. 왜 엄마가 잔소리하겠어."

아줌마의 진짜 잔소리가 나왔다. 원래 엄마들은 이렇게 잔소리를 하는 사람들인가 보다. 내 경우엔 좀 다르지만.

"아, 취소, 취소! 대신 엄마는 잘난 척쟁이⋯⋯."

"뭐라고? 엄마가 언제 잘난 척했어! 잘난 척하면 리나 너지, 엄마는 겸손쟁이야."

"겸손쟁이란 말이 어딨어? 그런 말 하는 게 잘난 척이지 뭐."

리나와 아줌마의 말싸움 구경도 꽤 재미있는 일이었다. 나는 그런 리나와 아줌마의 모습이 부러워 보였다. 엄마라면…… 세상에서 제일 편하고 좋은 사람? 그런 것일까? 리나와 아줌마의 모습을 보면 그게 맞는 것 같다. 그렇지만 나는 달랐다.

"순미야, 너는 엄마라는 말을 들으면 어떤 의미가 생각나니?"

아줌마가 나에게 다시 질문을 던졌다. 나는 머뭇거리며 뭔가 할 말을 찾았지만 마땅한 대답을 할 수 없었다. 새엄마를 생각하니 흔히 말하는 '엄마'의 이미지는 떠오르지 않았고, 아주 어릴 때 가 버렸다는 친엄마에 대해서는 더더구나 아무 생각도 없었다. 순간 우울한 기분이 들었다.

5 우리 엄마는……

"순미야, 왜 그래? 엄마 얘기하니까 엄마 보고 싶어서?"

리나가 옆에서 자꾸 물었다. 나는 대답을 잊은 채 가만히 있다가 괜스레 눈시울이 붉어졌다. 모두들 가지고 있는 엄마라는 글자의 의미를 나만 모르는 것 같아서 나 혼자 이상한 나라에 서 있는 기분이었다.

"저는 엄마에 대해 가지고 있는 생각이 없어요. 아직 새엄마와 친해지지 못했거든요."

겨우 그 말을 하는데 왜 이렇게 눈물이 나는지 모르겠다. 이런 일로 누구 앞에서 울거나 하는 건 정말 싫은데 말이다.

리나는 갑작스런 내 대답에 당황해서 어쩔 줄 몰라 했고, 아줌마도 난감해하기는 마찬가지였다.

"그랬구나. 나는 그런 줄도 모르고……."

리나가 마땅한 위로의 말을 찾지 못하고 내 어깨만 토닥였다.

"죄송해요. 전 괜찮아요. 정말이에요."

내가 분위기를 망친 것 같아 미안했다. 한창 재미있었는데 에이…… 나도 참.

"네가 죄송할 게 뭐 있니, 괜찮아. 그나저나 순미 네가 마음 고생 많이 했겠구나. 그래도 성격이 밝은 걸 보니 네가 잘 극복한 것 같구나. 그래야지, 그럼."

아줌마가 내 손등을 톡톡 치면서 말했다. 아줌마의 손길이 왠지 엄마의 손길 같아 마음이 뭉클했다. 친구의 엄마도 이렇게 편안하고 좋은데, 나의 엄마, 나의 새엄마에게는 왜 쉽게 다가가지 못하는 걸까.

"그런데 말이야, 순미 네가 엄마에 대해 가지고 있는 생각이 왜 리나가 가지고 있는 생각과 다를까?"

"시니피에가 다른 거 아니에요?"

불쑥 리나가 대답했다.

"왜, 엄마가 아까 그랬잖아요. 사람들은 글자의 의미를 자기가 겪은 경험으로부터 가지게 된다고 말이에요. 그러니까 순미의 경험이 나의 경험과 달라서 그런 거겠죠…… 아닌가?"

"오우! 한 귀로 듣고 한 귀로 흘리는 줄 알았는데, 우리 리나가 뭘 듣긴 들었나 보네? 그래, 맞아. 순미가 가진 경험에 따라 시니피에가 다른 거겠지."

아줌마가 리나를 대견하다는 듯 쳐다보며 대답했다.

"혹시 너, 새엄마를 콩쥐의 엄마 아니면 백설공주의 새엄마, 뭐 그런 걸로 생각하는 거 아니야?"

리나가 히쭉 웃는 얼굴을 하며 나에게 물었다.

리나의 말을 듣고 보니 정말 그럴지도 모른다는 생각이 들었다. 콩쥐를 구박하는 새엄마나 《장화홍련전》에 나오는 못된 새엄마, 백설공주를 시기하는 새엄마, 신데렐라를 미워하는 새엄마…… 지금까지 읽었던 동화 속 새엄마들은 대부분 딸을 못살게 구는 나쁜 사람들이다. 나도 동화나 드라마 속 새엄마들을 보면서 나의 새엄마도 그럴 것이라고 짐작하고 있었던 것은 아닐까?

"하긴, 동화에 등장하는 새엄마들은 모두 못되게 그려지고 있지. 그것 때문에 사람들은 새엄마에 대한 나쁜 편견을 가지고 있는지도 몰라. 새엄마라고 다 그런 건 아닌데 말이야."

아줌마가 자못 심각하게 고개를 끄덕였다.

6 해체가 필요해

"아, 알았다! 그래서 데리다가 해체하라고 말한 거구나!"

"해체? 왜 그렇게 생각하니?"

리나가 반짝 생각이 떠오른 듯 말하자 아줌마가 물었다.

"아까 그랬잖아요. 글자를 글자 그대로만 봐야지, 시니피에를 가지고 보지 말라고. 자신의 환상이나 상상력이 들어가는 걸 해체해야 한다고 그랬잖아요? 그러니까 순미가 가지고 있는 새엄마라는 글자에 대한 편견을 버려야 진짜 새엄마가 보이는 것 아닐까요?

데리다가 그런 뜻으로 말한 것 같은데……."

아줌마는 얼굴 가득 만족한 웃음을 띠우며 리나를 바라봤다.

"내 딸이지만 기특한데? 엄마도 미처 생각하지 못한 걸 깨우치다니 말이야. 하나를 가르치면 열을 안다니까. 아무렴 누구 딸인데."

리나는 아줌마의 칭찬에 어깨가 으쓱해져서는 나에게 말했다.

"순미, 네가 새엄마라는 글자에 대해 안 좋은 의미를 떠올리다 보니 새엄마와 가까워지지 못하는 것 같아. 내가 보기엔 너희 새엄마 착하고 좋은 분 같아 보이던데. 우리 엄마보다 얼굴도 훨씬 예쁘고."

"뭐라고? 리나 너! 엄마가 초등학생 딸이 있다고 하면 다들 얼마나 놀라는 줄 아니? 탤런트에 한번 지원해 보라고들 난리야, 난리!"

아줌마가 화가 난 척 리나에게 대꾸했다.

"핏, 행인1, 행인2 이런 탤런트?"

"너, 정말 이럴 거야?"

리나와 아줌마의 말장난을 보고 있자니 웃음이 나왔다. 나는 언제쯤이면 새엄마와 저런 장난을 칠 수 있게 될까?

"그런데 엄마가 어떤 의미인지는 왜 물어본 거예요?"

아무래도 엄마와의 말싸움에서 불리할 것 같았는지 리나가 얼른 말을 돌려 궁금한 척 물었다. 아줌마는 딸에게 놀림을 받았던 것도 금세 잊어버리고 신나게 설명을 시작했다.

"참, 아까 그 얘기를 하려던 거였지. 그러니까 말이야, 사람들은 어떤 단어에 대해 그 의미를 설명하기 위해 여러 가지를 대입해 쓰잖아. 그것의 성질, 모양, 형태, 관계 등등. 그렇게 의미에 접근하기 복잡하고 어려운 것을 데리다는 아주 간단하게 말했단다. 바로 대립 관계 하나로 설명할 수 있다고 말이야."

"대립 관계요?"

나와 리나가 동시에 합창하듯 소리쳤다. 그게 우스워 리나와 나는 서로 쳐다보며 히히거렸다.

"그래, 대립 관계. 대립 관계가 뭐냐면 너희 둘이 자장면 집에 가게 됐는데 둘은 딱 한 가지 음식만 시킬 수 있어. 그런데 순미는 자장면이 먹고 싶고, 리나는 짬뽕이 먹고 싶은 거야. 그러면 너희 둘의 의견은 팽팽하게 맞서겠지?"

"호호호, 둘이 머리채를 휘어잡고 싸울지도 몰라요. 우리가 또 먹을 것에 대해서는 양보가 없거든요."

리나가 우스갯소리를 했다.

"그래, 그런 상황을 대립이라고 한단다. 데리다는 이렇게 대립하고 있는 단어를 통해 다른 단어를 설명할 수 있다고 한 거야. 예를 들어 엄마에 대해 내가 물었을 때 여러 가지 얘기가 나왔잖아? 그럴 경우 간단하게 그것에 대립하는 단어, 즉 아빠를 생각하면 엄마를 알 수 있게 된다는 거지. 아빠의 반대 엄마. 어때, 그러니까 엄마라는 말이 금방 이해되지 않니?"

"그럼 아빠는요? 아빠는 엄마를 설명하면 나오나?"

리나가 고개를 갸웃하며 묻자 아줌마가 대답했다.

"아니지, 엄마를 설명하기 위해 아빠를 대립 관계에 놓았잖아. 그렇다면 아빠를 설명하기 위해서 다시 엄마를 대립 관계에 놓으면 말이 안 되지."

"아, 그렇구나. 그럼 아빠의 대립 관계를 자식이나 할머니, 그런 걸로 하면 되나요?"

조심스럽게 대답하는 나를 보며 아줌마가 크게 고개를 끄덕였다.

"역시! 순미도 아주 이해가 빠른걸."

"그럼 아들을 설명하기 위해서는 또 다른 사람을 대립 관계에 놓아야겠네요."

리나가 질세라 얼른 대답했다.

"그렇지, 그렇게 계속 다른 단어를 대립 관계에 놓음으로써 우리는 그 단어를 설명할 수 있단다. 복잡하게 단어의 의미를 찾지 말고 대립 관계를 찾는 방법으로 단어를 설명해 보자는 것이 바로 데리다의 주장이었지."

"뭐 이런 건가요? 발을 설명할 때 '손 말고 무엇?' 같은 형식인 거지요?"

"응, 그것과 비슷한 이치야."

"아! 그것도 데리다의 해체 이론이구나. 말의 의미를 단순하게 찾자는 거요. 이제 알 것 같아요."

"처음엔 너무 복잡한 얘기인 것 같아서 제 머리가 해체될 것 같았는데…… 다행히 데리다만 해체했네요."

리나와 나의 말에 아줌마가 기쁘게 웃었다. 우리가 아줌마의 설명을 제대로 이해한 것이 좋았나 보다.

"순미 너도 새엄마에 대한 생각을 해체해 봐. 너는 백설공주도 아니잖아. 설마 너 예쁜 거 시샘해서 새엄마가 독 사과를 주기라도 하겠니? 혹시 나처럼 예쁘다면 모를까."

자기가 말하고도 웃긴지 리나는 혼자 킬킬거렸다. 그러나 나는 솔직히 리나의 장난이 재미있게 들리지 않았다. 심각하게 새엄마에 대해 생각해 보고 있던 참이었기 때문이다.

여자　　남자

"리나 너는, 장난할 때와 아닐 때도 구별 못하니? 순미의 마음도 헤아리지 않고 그렇게 아무렇게나 말해? 분위기 파악도 못하는 너의 농담부터 해체해야겠다. 응?"

아줌마가 내 기분을 눈치 채셨는지 리나에게 한마디 하셨다.

그래, 새엄마가 나에게 특별히 신경 써 준다고는 할 수 없지만 다른 엄마들이 해 주는 것처럼 맛있는 밥도 차려 주고, 옷도 깨끗이 빨아 주신다. 그런데 나는 자꾸 '엄마'라는 글자에 '새'자를 붙여서 '새엄마'라고만 생각했던 것이다. 아줌마에게 얘기 들었던 것처럼 순수하게 보지 않고 '새엄마'라는 말이 지닌 부정적 의미만을 보려고 해서 그랬을까?

"참, 너희들 배고프지? 리나 친구 불러다 놓고 고문시킨 것 같네. 얼른 엄마가 떡볶이 해 줄게."

그러면서 아줌마가 일어섰다.

"엄마도 이게 고문이란 걸 알긴 아는 거죠? 그러니까 어묵 듬뿍 넣어 주세요!"

리나가 엄마의 뒤에 대고 큰 소리로 말했다. 나는 사실 고문이 아니라 많은 것을 배워서 좋았는데 말이다. 내 친구 리나보다 아줌마가 더 마음에 들려고 했다.

시니피앙과 시니피에

　말이나 글 대신에 기호로 의사소통을 할 수 있을까요? 스위스의 유명한 언어학자인 소쉬르는 기호를 통해 언어를 연구하는 방법을 고안했습니다. 이것을 기호학이라고 합니다. 즉 기호학이란 기호 및 기호로서의 언어를 연구하는 학문입니다. 소쉬르는 한 국가나 사회의 문화 전체를 기호 체계로 보았으며, 기호학을 통해 그 발생의 연구가 가능하다고 생각했답니다.

　어떤 사람이 흰 마스크를 끼고 그 마스크에 검은 테이프로 'X' 표시를 했다면 여러분은 그것이 무엇을 뜻하는지 금방 알 수 있을까요? 그렇습니다. 침묵을 뜻합니다. 이렇게 기호는 어떤 사람이 보아도 그 의미를 금방 알 수 있는 것입니다. 그래서 소쉬르는 기호야말로 가장 간단하게 그 표현과 의미를 전달할 수 있다고 보았죠.

　기호학에서는 기호의 표현, 즉 의미 전달을 위한 수단으로서의 기표와 기의를 나누어서 설명합니다. 기표는 '기호의 표현'을 줄인 말입니다. 마찬가지로 '기호의 의미'를 줄여서 '기의'라고 하죠. 프랑스 말로 기표를 시니피앙, 기의를 시니피에라고 합니다.

그럼 시니피앙과 시니피에가 무엇인지 자세히 알아볼까요? 아주 간단합니다. 앞에서 얘기한 'X' 표시가 된 마스크를 떠올려 보세요. 이 기호를 보면 여러분은 무엇이 생각나나요? 앞에서도 얘기했듯 '침묵'이 가장 먼저 떠오를 것입니다.

즉, 'X' 표시가 된 마스크의 시니피앙은 침묵입니다. 그러나 이 'X' 표시의 마스크를 보는 사람마다 침묵이 가지는 의미는 다를 것입니다. 여러분은 혹시 감기에 심하게 걸려 본 적이 있습니까? 엄마는 감기 바이러스가 동생에게 옮겨질까 걱정되어 여러분이 동생과 얘기도 못하게 할 수도 있습니다. 이때 엄마는 동생과 얘기하지 말라는 의미에서 'X' 표시의 마스크를 하게 할 수도 있습니다.

혹 여러분 중에는 동생만 감싸고 도는 엄마가 미워, 엄마와 얘기하지 않겠다는 의미로 'X' 표시가 된 마스크를 한 경험이 있는 사람도 있을 수 있겠죠? 이런 경우 'X' 표시 마스크가 주는 의미는 앞에서 감기 때문에 긴 'X' 표시의 마스크와는 다른 의미를 갖고 있습니다. 즉, 사람들은 자신의 경험에 따라 각각 다르게 기호의 뜻을 파악하게 되는 것이죠.

이렇게 시니피앙은 하나지만, 시니피에는 여러 가지로 나타날 수 있

습니다. 앞의 예에서 'X' 표시가 된 마스크라는 기호를 보고 어떤 사람은 심한 감기에 걸렸던 기억을 떠올릴 것입니다. 그런가 하면 또 다른 사람은 엄마에 대한 서운한 감정이 떠오를 것입니다.

그렇다면 시니피앙을 보고 정확한 시니피에를 찾을 수 있을까요? 사람마다 자신의 경험에 따라 시니피에가 다르기 때문에 결코 같은 시니피에를 찾지는 못할 것입니다. 또 다른 예를 한번 들어 볼까요?

요즘 트랜스 지방 때문에 고민하는 사람이 많습니다. 트랜스 지방이라는 단어를 들을 때 여러분은 어떤 생각이 먼저 떠오르나요? 비만? 아니면 햄버거나 닭고기 튀김과 같은 인스턴트 식품인가요? 자신이 경험한 것에 따라 트랜스 지방이라는 시니피앙에 대한 시니피에는 다르게 나타날 것입니다.

이렇게 하나의 시니피앙에 여러 개의 시니피에가 나타나게 되므로 정확한 시니피에를 볼 수 없다고 데리다는 생각했고, 따라서 시니피에를 올바로 이해하기 위해서는 글을 해체해야 한다고 주장했던 것입니다. 즉 글을 해체함으로써 원래 글의 뜻을 보다 정확하게 이해할 수 있다는 것이 바로 데리다의 해체 이론입니다.

3

세상을 보는 눈

 "역사 속의 모든 것은 '텍스트'로 치환된다"

— 자크 데리다

1 그건 비밀인데

어제 새엄마의 부업을 도와줘서인지 몸이 찌뿌듯했다. 새엄마는 아빠가 외국으로 가시자 바로 봉투를 붙이는 부업을 시작하셨다. 겨우 한두 시간 일한 내가 이렇게 몸이 피곤한데 새엄마는 매일 그렇게 일을 했으니 얼마나 힘들었을까 하는 생각이 문득 들었다.

갑자기 새엄마 걱정을 다 해주고…… 며칠 전 리나네 엄마와 했던 얘기가 나를 철들게 했나? 그 며칠 사이에 내가 속 깊은 어른

이 된 기분이었다. 아줌마 말대로 나는 편견을 가지고 새엄마를 대했는지도 모른다. 진정한 엄마로 받아들일 생각을 하지 않았기에 이제까지 함께 지내면서도 가까이 다가가지 못했던 건 아닐까?

이런저런 생각을 하는 사이 수업은 끝이 났고 나는 리나와 같이 집에 가려고 가방을 챙겼다. 그때 갑자기 선생님이 나를 불렀다.

"순미, 선생님 좀 잠깐 보고 가라."

무뚝뚝이 담탱이가 웬일일까? 내가 무슨 잘못이라도 했나? 걱정스런 마음에 리나를 쳐다봤다. 리나는 대수롭지 않은 듯 먼저 간다며 손을 흔들고 가 버렸다. 뭔가 아는 것이 분명했다. 리나처럼 호기심 많은 아이가 선생님이 나를 따로 부르는데도 저렇게 그

냥 갈 리가 없으니까 말이다.

'리나도 알 만한 일…… 도대체 무슨 일일까?'

궁금한 마음에 나는 선생님 앞으로 쭈뼛대며 걸어가 기다렸다. 청소 당번이 모두 돌아가고 난 뒤에야 선생님은 나에게 말을 거셨다.

"순미 네 엄마가 새엄마라면서?"

선생님의 말에 나는 가슴이 쿵 내려앉는 기분이었다. 그걸 어떻게 아셨을까? 전학 오던 날 새엄마가 말했을까? 아니야, 아까 리나의 표정…… 그래, 리나가 말한 게 분명해!

알리고 싶지 않은 사실을 선생님이 안다는 것, 그것도 단짝 친구의 입을 통해 전해졌다고 생각하니 기분이 상했다. 무뚝뚝 선생님은 왜 굳이 알은체를 하실까? 내가 불쌍해 보이기라도 한 걸까?

"순미 네 사정을 자세히는 모르지만, 새엄마라고 다를 건 없다는 얘기를 해 주고 싶어서 불렀다. 모든 애들이 친엄마, 친아빠와 함께 사는 것은 아니야. 새엄마와 새아빠, 또 할머니나 친척과 지내는 친구들도 많아. 모두들 각자에게는 소중한 가족들이지. 네가 그런 걸로 상처받지 않았으면 한다. 선생님 말 잘 알겠지?"

선생님의 표정과 말투는 지금까지 보았던 모습이 아니었다. 딱

딱하고 감정 없는 말투와 그 말투에 딱 어울리는 굳은 표정, 그것이 내가 알고 있는 선생님의 전부였는데, 지금은 전혀 다른 사람처럼 따뜻하고 부드럽게 말하고 있었다. 무뚝뚝 선생님에게 이런 면이 있다는 사실은 새로운 발견이었다.

"낯선 곳에 와서 꽤 힘들었지? 표현은 안 했지만 네가 잘 적응하고 있나, 늘 관심 있게 지켜보고 있었어. 단짝 친구가 생겨서 그런지 요즘엔 더 밝아 보이더구나. 순미한테 형철이가 짓궂게 굴지? 그 녀석, 너한테 관심 있는 모양이더라."

아이들에게 전혀 신경 쓰지 않는 줄 알았던 선생님인데, 그렇지 않았나 보다. 나에 대해서는 물론이고 다른 친구들에게도 많은 관심을 가지고 있다는 것이 느껴졌다. 말투는 딱딱하지만 선생님의 마음에는 반 아이들에 대한 깊은 담겨 애정이 있었다. 역시 보이는 것이 전부는 아니었다.

선생님은 서랍을 열어 부스럭거리며 뭔가를 뒤지더니 책 한 권을 꺼내셨다.

"자, 이건 기특하게 적응 잘한 것에 대한 상이다. 선생님 말 잘 새겨 듣고 엄마께 잘해. 알았지?"

선생님이 주신 책을 들고 나는 머뭇거리다가 꾸벅 인사를 하고 돌아섰다. 선생님이 싱긋 웃으며 나를 보던 눈길이 순간 스쳐갔다. 처음으로 보는 선생님의 웃는 모습이다. 무뚝뚝이 담탱이가 웃다니…… 이건 특종감이다.

학교를 나서며 나는 묘한 기분이 들었다. 선생님이 관심 가져 주신 건 고맙지만, 숨기고 싶은 사실이 선생님에게 알려진 것은 반갑지 않은 일이다. 더구나 그걸 전한 사람이 가장 친한 리나라는 사실에 더욱 화가 났다. 처음부터 말 많은 리나에게 그런 얘기를 하는 게 아니었어. 리나가 방송국이라는 건 모두가 아는 사실인데 말이야. 나 역시 애들 소식을 리나한테 전해 듣고 있는걸. 내 얘기를 어쩌면 리나가 반 아이들 전부한테 퍼트린 것은 아닐까? 꼭 비밀이라고 약속 받아 놓진 않았지만 이런 건 둘만의 비밀로 해야 하는 것 아닌가?

이런저런 생각에 나는 점점 더 리나가 야속해지기 시작했다. 남에게 그런 시선 받는 거 싫어서 일부러 말하지 않았는데, 단 한 명 제일 친한 친구가 그걸 발설하다니! 내일 리나를 만나면 꼭 한마디 해 줘야겠다고 생각하면서 집으로 갔다.

2 넌 너무해

"순미야, 안녕?"

여느 때처럼 리나가 인사했다. 그렇지만 나는 들은 체도 않고 책만 들여다보고 있었다.

"순미야, 왜 그래, 무슨 일 있어?"

리나가 의아한 얼굴로 물었지만 역시 대답하지 않았다.

"답답하잖아, 왜 그래? 나한테 뭐 삐친 거 있니?"

치, 자기가 한 일을 모르고 나에게 묻다니. 나는 더 속이 꼬여 꽁

하게 아래만 쳐다봤다.

"이유를 알아야 무슨 말을 하지. 말 좀 해 봐, 왜? 응?"

몇 번이나 내 얼굴을 들여다보며 묻는 리나 탓에 더 말을 안 할 수가 없었다. 나는 '네 죄를 네가 알렸다'라는 표정으로 한마디 했다.

"너지?"

"뭐가? 그렇게만 말하면 내가 어떻게 알아. 내가 뭘 어쨌는데?"

"담탱이한테 말한 거."

그제야 리나는 이유를 짐작했는지 얼굴에서 근심을 걷어 내며 대답했다.

"아, 그거? 난 또 뭐라고. 선생님이 순미는 적응하는데 어려움 없냐고 지난번에 한번 물어보더라고. 그래서 그냥 대답한 것뿐이야. 그게 기분 나빴던 거야?"

리나는 대수롭지 않게 술술 말했다. 나는 나 혼자만 기분 나빠하며 씩씩거렸던 꼴이 더 우스워지는 것 같아 화가 났다.

"너는 내 기분이 어떤지 헤아릴 마음도 없는 거니? 아니면 일부러 그러는 거니? 아무에게도 말하고 싶지 않은 걸 왜 네가 소문내고 다니니? 너는 원래 입이 그렇게 가볍니?"

한마디만 하려고 했는데 말이 길어지며 표현이 더 심해졌다.

"소문을 내다니? 선생님께서 여쭤 보시니까 대답했을 뿐이야. 아무한테도 얘기하지 않았다고. 그것 때문에 그렇게 화가 난 거야? 뭐 그런 걸 가지고……."

리나는 별로 미안해 하는 얼굴이 아니었다. 도리어 화를 내는 내가 더 이상해 보인다는 표정이었다. 그것이 나를 더 화나게 했다.

"너한테는 겨우 그 정도 일이겠지만, 나는 아니야. 넌 내 맘 몰라."

그러면서 나는 발딱 일어나 복도로 나왔다. 자기가 겪어 보지 않은 일은 아무도 알 수가 없다. 아무리 친한 친구라도 리나는 내 맘 모른다. 거기다 친엄마가 있는 리나는…….

그날은 종일 리나와 한마디도 하지 않았다. 이렇게까지 화낼 일은 아니었지만, 한 번 말을 꺼내 놓고 나니 아무렇지도 않은 척 할 수가 없었다. 수업이 끝나자마자 나는 혼자 교실을 나왔다. 리나가 얼른 뛰어와 나한테 먼저 인사해 주기를 바라면서.

토라진 것처럼 뒤도 안 보고 걸으면서 나는 일부러 천천히 움직였다. 리나가 따라올 경우를 대비해 너무 멀리 가 버리면 안 되니까. 먼저 나와 버린 내가 뒤를 돌아볼 수는 없었다. 뒤에서 나를 따라오는 리나의 발자국 소리가 들리는지 귀를 쫑긋 세우고 걷는

데, 누가 내 팔을 탁 잡는 것이었다.

"내 발자국 소리 하나도 안 들렸지? 그래서 우리 엄마는 나보고 고양이 같대. 내가 살금살금 걷는 데 특기가 있거든."

리나였다. 나는 기분 좋은 웃음이 올라왔지만 꾹 참고 내색하지 않았다.

"왜 그러는데? 나한테 뭐 할 말 있어?"

마음과는 다르게 퉁명스러운 말이 튀어나왔다.

"에이, 그만 화 풀어. 너랑 할 일도 있단 말이야."

뭔지 궁금했지만 꾹 참고 물어보지 않았다.

"우리 집에 가자. 엄마가 하는 일 좀 도와달래. 꼭 너랑 같이 오라고 그러시더라. 같이 갈 거지? 그렇지?"

아줌마의 부탁이라는데 내가 또 거절할 수 없지. 사실 아줌마의 부탁이 아니었어도 리나의 집에 가는 것이 싫을 턱이 없었다.

"내 도움이 필요하시다고? 정 그렇다면 뭐……."

나는 못 이기는 척 리나와 함께 걸었다. 리나의 집으로 향하는 지금, 발걸음이 가볍다.

3 다르게 보기

　리나의 집에 들어가니 아줌마가 분주하게 무엇인가를 만들고 계
셨다. 거실 가득 흰 종이며 물감들, 붓과 나무판자들이 어질러져
있었다.

　"엄마 또 시위 나가려고?"

　보자마자 리나가 물었다. 리나는 한두 번 본 광경이 아닌 모양이
었다.

　"그래, 저기 구청 앞에서 릴레이 시위하기로 했거든. 너희도 저

쪽 것 좀 도와줘라."

아줌마는 옷 여기저기에 빨간 물감, 파란 물감을 묻히고는 뭔가를 열심히 쓰시면서 대답했다.

"이번엔 또 뭔데?"

"학교 급식 개선 요구야. 급식의 재료를 우리 농산물로만 쓰고 식사의 질을 올려라, 뭐 그런 거지."

아줌마가 한 장을 다 쓰고는 우리를 보면서 말했다. 얼굴에도 까만 물감이 묻어 있었다. 그 모습이 우스워서 킥킥 웃음이 났다.

"아유, 엄마는 뭐 몸으로 글씨 써요? 페이스페인팅이 따로 없네."

리나가 아줌마를 면박 주듯 말했다.

"순미랑 꼭 같이 오라더니, 맛있는 거 해 주는 게 아니라 이거 도와달라고 그러는 거였어요? 이럴 줄 알았으면 안 오는 건데."

"아까는 엄마 도와줘야 한다며 같이 오자고 했으면서."

"그냥 한 말이었지. 설마 진짜 일 시킬 줄 몰랐어."

나는 괜히 신이 났다. 내가 정말 시민 운동가가 되기라도 한 것처럼 팔을 걷어붙이고 열심히 일하고 싶어졌다.

"그런데 아줌마는 왜 이런 걸 하게 된 거예요?"

나는 물감을 짜고 종이를 나르면서 물었다.

"글쎄, 보다 나은 사회를 위한 노력이랄까? 그런데 이렇게 직접적인 행동을 하게 된 건 데리다 덕분에 시작되었다고 해도 틀린 말이 아니야."

"엄마는 또! 또 데리다 얘기하려고?"

종이를 정리하고 있던 리나가 대꾸했다.

"그래, 엄마가 좋아하는 데리다 얘기 또 할거다, 왜! 너는 듣지 마라, 순미하고만 얘기할 테니까."

아줌마는 그러면서 나를 보고 찡긋 웃었다.

"지난번에 아줌마가 언어에 대한 해체 이론을 주장한 사람이 데리다라고 했잖니? 데리다는 철학의 흐름에서 보면 포스트모더니즘에 속하는 사람인데……."

"포스트모더니즘이오?"

어디선가 들어 본 듯한 말인데 자세히는 알지 못해서 아줌마에게 다시 여쭤 볼 수밖에 없었다.

"아, 그걸 먼저 설명해야겠구나. 포스트라는 건 '무엇 뒤에' 라는 뜻으로, 포스트모더니즘이란 모더니즘 후에 나타난 이념이라고 할 수 있지. 모더니즘 시대는 보통 계몽주의로부터 시작된 이성 중심주의 시대를 말하는데, 그 지나친 이성 중심주의에 반기를 들

고 나온 것이 바로 포스트모더니즘이란다. 데리다는 바로 그 포스트모더니즘에 가장 큰 영향을 끼친 철학자인 거지."

"아, 알 것 같아요. 지난번 데리다에 대해 말씀해 주시면서 로고스 얘기했었잖아요. 서양 사상에서는 로고스가 가장 중요했는데 데리다는 그걸 반대로 생각했다고요. 그러니까 말이 우선이라고 했던 모더니즘을 해체했다, 뭐, 그런 거 아니에요?"

아줌마에게 들었던 이야기가 생각난 내가 말했다. 내 말을 듣자마자 아줌마가 눈을 동그랗게 뜨고 나를 쳐다봤다.

"순미야! 너 아줌마 수제자 할래? 어쩜 그렇게 이해를 잘하니? 아줌마가 더 가르쳐 줄 것이 없구나. 이제 하산하거라."

아줌마의 칭찬을 들으니 어깨가 절로 으쓱해졌다. 저쪽에서 리나가 시샘하는 눈으로 쳐다보는 것이 느껴졌다.

"바로 그거야. 데리다는 근대의 이성 중심주의를 바로 세우는데 여러 가지 억압이 있었다는 주장을 했던 거지. '이성 중심주의' 라는 말이 조금 어렵지? 옛날 사람들은 종교나 자연현상 같은 외적인 힘에 많이 의지했었잖아. 그것에 반대해 인간의 이성에 대한 믿음을 강조했던 것이 바로 이성 중심주의야. 말하기가 글쓰기를 억압했고, 이성이 감성을, 백인이 흑인을, 남성이 여성을 억압해

왔다는 것을 잘 생각해 봐. 모두 말하기와 쓰기, 이성과 감성, 백인과 흑인, 남성과 여성. 모두 이것 아니면 저것으로 나누는 이분법이잖아. 데리다는 이것을 해체시킴으로써 포스트모더니즘을 보여 주었던 거야."

"그래서 엄마가 억압받는 사람들의 대변인이라도 되겠다는 거야?"

나와 아줌마가 죽이 척척 맞아 신나게 대화하고 있으니까 리나가 단단히 샘이 난 모양이었다. 괜히 아줌마에게 퉁명스럽게 대꾸하는 걸 보니 말이다.

"이게 뭐 그렇게 거창한 일이니? 그냥 여성학에 관심이 있을 때 데리다의 철학을 알게 되었거든. 데리다의 이분법 해체 이론은 여성학 이론의 큰 밑받침이야. 어느 한쪽을 옳다고 떠받들기 위해서는 다른 한쪽이 고통을 받을 수도 있다는 생각을 하게 된 거야. 목소리가 크다고 해서 무조건 옳은 것도 아니고 반대로 목소리가 작다고 해서 가치 없는 얘기도 아니라는 거지."

진지하게 설명하는 아줌마의 모습이 멋져 보였다.

"그런 생각을 하다 보니 가치 있는 작은 목소리에 내 힘을 보태고 싶다는 욕심이 생겼지. 그래서 시작하게 된 일이 이렇게 오지랖 넓은 사람이 돼 버렸네. 호호호."

데리다 얘기하다가 아줌마의 속얘기까지 다 나왔다. 피켓 들고 거리에 서 있는 일 같은 걸 왜 할까 싶었는데, 이제는 진심으로 이해가 되었다. 나도 그런 사람이 되고 싶다는 생각까지 들 정도로 말이다.

"아유, 참. 수다만 떨다가 일 다 못 끝내겠네. 아직 쓸 게 많은데."

아줌마가 다시 서둘러 글씨를 쓰기 시작했다.

"학교 급식이 뭐 어떻다고 또 이런 피켓팅을 하는 건데요?"

엄마의 얘기에 리나도 마음이 동했는지 슬그머니 관심을 보였다.

"농산물도 수입 개방이 되면서 외국산 먹을거리가 점점 많이 들어오잖니. 그럼 아무래도 단체 급식을 하는 곳에서는 싼 외국 농산물을 쓰게 될 거고, 그런 곳이 많아지게 되면 우리 농촌은 농사 짓기가 점점 더 힘들어질 거야. 그래서 정부가 지원해서 학교 급식은 우리 농산물로만 음식을 만들자는 거지. 그렇게 되면 우리 농업도 기반이 생기고, 무엇보다 아이들에게 좋은 먹을거리를 줄 수 있게 되지 않겠어? 어린이들은 우리의 미래인데 좋은 것 먹고 건강해야지. 그야말로 꿩 먹고 알 먹는 셈이지. 그래서 이런 운동을 하는 거야."

아줌마는 정말 의미 있는 일을 하고 있는 것 같았다. 그런 아줌마를 엄마로 둔 리나는 좋겠다. 자신의 엄마가 자랑스럽고 멋져 보일 테니까. 우리 새엄마도 부업 대신 이런 일을 하면 좋을 텐데…….

그날 아줌마 돕는 일을 다 끝내고 나오는데 리나가 대문 앞까지 따라 나오며 불쑥 뭔가를 내밀었다. 사과였다. 빨갛게 윤이 나는 것이 맛있어 보였다.

"자, 이거. 내 마음이야. 시니피앙만 생각해 봐. '사과!'"

그러면서 리나가 배시시 웃었다.

"네가 싫어하는 얘기, 남한테 해서 미안."

"그래서 사과를 주는 거야? 치, 이 사과가 그 사과냐?"

나는 리나의 마음을 뻔히 알면서도 괜히 그렇게 대답했다. 리나는 사과를 내 주머니에 찔러 넣어 주더니 잘 가라며 손을 흔들었다. 주머니에 담긴 사과에서 향긋한 냄새가 났다.

4 새엄마가 쓰러지다

리나네 집에서 아줌마의 일을 다 도와주고 칼국수까지 얻어먹은 나는 통통 튀듯이 즐거운 발걸음으로 집으로 돌아왔다. 내가 직접 운동에 직접 나선 건 아니지만 조금이라도 힘을 보탰다는 생각 때문인지 뿌듯했다. 학교 급식에 우리 농산물을 이용하고 음식의 질이 좋아진다면 내 덕도 있는 거라는 생각이 들자 절로 기분이 좋아졌다.

대문을 열고 막 집에 들어서는데 옆집 할머니가 우리 집에서 나오는 것이 보였다. 가끔 들러서 새엄마와 얘기도 하고 반찬도 나눠 먹는 할머니인데 오늘도 마실 오신 모양이다. 그런데 그 할머니는 내가 들어서는 걸 보자마자 다급한 목소리로 말했다.

"아니, 어디 갔다 이제야 오니? 네 엄마, 아주 큰일 날 뻔했다. 얼른 들어가 봐라, 어서."

들어가 보라는 말로는 부족했는지 할머니는 내 손을 끌고 새엄마 방으로 데려갔다. 큰일이라니? 무슨 일일까? 불안한 마음에 할머니 손에 이끌려 방으로 들어가 보니 새엄마가 이불을 덮고 누워 있는 것이 보였다. 너무 놀라 가슴이 떨렸다. 늘 허리를 구부리고 일을 하던 새엄마였는데, 아주 늦은 밤이 아니고는 저렇게 누워 있을 리가 없는데, 무슨 일일까?

"아까 부침개를 해서 좀 나눠 먹으려고 가져왔는데, 아 글쎄, 네 엄마가 방바닥에 쓰러져 있지 뭐냐. 내가 얼마나 놀랐던지. 얼굴이 새하얘가지고 꼼짝도 안 하는 게야. 구급차를 부르려는데 네 엄마가 괜찮다고 말려서 우선 저렇게 자리에 뉘인 거란다."

할머니는 지금도 놀란 가슴이 진정되지 않는지 숨을 폭 몰아 쉬셨다.

누워 있는 새엄마의 얼굴은 정말로 파리했다. 내가 그동안 너무

무심하게 새엄마를 대했던 것이다. 새엄마의 얼굴이 변한 것도 모르고 있을 정도로…… 처음에 봤던 곱고 예뻤던 얼굴은, 마르고 핼쑥한 모습이 되어 있었다. 갑자기 속상한 마음이 몰려왔다.

"그러게 조심하라고 그렇게 얘기를 했잖여. 애를 배고도 그렇게 무리를 하더니…… 쯧쯧. 속이 울렁거려 먹을 것도 제대로 못 먹고…… 지금이 제일 힘들 때라는 걸 왜 몰라. 그런 몸으로 돈 몇 푼 더 벌겠다고 종일 구부정하게 앉아 있으니, 어떤 사람이 견디겠어. 응?"

자고 있어서 듣지도 못할 새엄마에게 할머니가 야단치듯 말했다. 그 얘기를 듣는 순간 머릿속이 윙윙 울렸다.

'애를 배고도? 그렇다면?'

"할머니, 애를 뱄다는 게 아기를 가졌다는 거예요?"

내가 잘못 들은 것은 아닌지, 처음 듣는 얘기에 놀란 내가 물었다.

"아, 그래. 네 엄마가 애를 가졌다고, 네 동생 말이다. 몰랐냐?"

가슴이 쿵 내려앉았다. 내 동생이라니…… 내 동생…… 동생이라는 단어가 너무 어색하게 들렸다.

"너한테 말도 안 한 모양이구먼. 몸도 야리야리한 사람이 무슨 체력으로 버티려고 그렇게 고집을 부리는지 몰라. 이렇게 중요할 때 남편도 없고 말이야. 네가 잘 보살펴 드려라. 네 엄마 지금이 제일 힘들 때야. 예쁜 동생 보려면 엄마 많이 도와줘야 해. 알았냐? 내가 지금 가서 반찬이랑 밥 챙겨 올 테니까 이따가 엄마 일어나면 같이 먹어라. 내 지금 가져다 줄 테니.”

그러면서 할머니는 서둘러 일어나셨다.

할머니가 가고 난 뒤 나는 새엄마 옆에 앉아 그 얼굴을 가만히 쳐다봤다. 살이 빠진 새엄마의 얼굴이 가여웠다. 처음 만나고, 그리 오래되지 않은 시간 동안 새엄마의 모습은 아주 많이 달라져 있었다. 멋들어진 긴 머리도 사라졌고, 세련되고 예쁜 그 옷들도 장롱 깊이 들어가 버렸다. 서울 아가씨 같던 새엄마가 언제 이렇게 변해 버렸을까.

그때 새엄마가 슬며시 눈을 뜨셨다. 나는 얼굴을 들여다보고 있던 게 무안해져 얼른 딴청을 피우며 물었다.

“괜찮으세요……?”

“으응…… 기운이 너무 없어서 잠깐 누워 있었어. 너는 언제 왔니?”

새엄마가 정말 기운 없는 목소리로 말했다. 목소리까지 그러니 더 마음이 안되었다.

"리나네 집에서 놀다가 왔어요. 그런데 정말 괜찮으세요? 아기 가졌을 땐 많이 쉬어야 한다고 하시던데요."

"응? 아…… 옆집 할머니가 말씀하셨나 보구나. 너한테 미리 말하지 못해 미안하다. 네가 어떻게 받아들일지 몰라서……."

"동생 생기는 게 어때서요. 전 좋아요. 안 그래도 언제 동생 생기나 기다리고 있었는걸요."

새엄마가 너무 가엾게 생각되어서였을까. 나는 생각지도 않았던 말을 뱉어 버렸다. 동생이 생긴다는 건 생각조차 해 본 적이 없다. 그런데 기다리고 있었다니…….

"네가 좋다고 하니 기쁘다. 혹시 싫어하면 어떡하나 걱정했거든. 네가 워낙 표현을 잘 안 하니 말이야."

새엄마가 살며시 미소를 지으며 말했다. 저런 새엄마의 미소도 정말 오랜만에 보는 것 같았다. 한 집에 살면서 우리는 이렇게 서먹하게 지낸 것이다.

5 너는 내 딸이야

"전 사실 집에 오면 대화도 많이 하고, 일도 도와드리고 싶은데, 막상 그게 잘 안 돼요. 새엄마는 매일 일만 하시고, 제 얘기를 별로 듣고 싶어 하지 않는 것 같고……."

나도 모르게 속에 있던 말이 나와 버렸다. 사실은 진작부터 하고 싶었던 말…….

내 말이 끝나기도 전에 갑자기 새엄마는 내 쪽으로 일어나 앉으면서 손을 잡았다. 그리고는 작지만 분명한 목소리로 말씀하셨다.

"순미야, 내가 왜 네 얘기를 듣고 싶어 하지 않겠니? 나는 누구보다 너와 대화하고 싶단다. 네가 마음을 열고 준비가 될 때까지 기다렸던 거야. 그리고 일한답시고 너에게 더 신경 쓰지 못한 건 이해해 주렴. 너도 알다시피 우리 집 형편이 생각보다 넉넉지 않아. 그래서 아빠도 외국에 나가서 힘들게 일하고 계시잖니. 나는 거기에 조금이라도 보태고 싶어서 부업을 시작한 거고. 이게 다 우리 가족을 위한 것이란다. 너와 아빠, 새로 태어날 아기, 그리고 나까지."

새엄마는 여기까지 말하고는 잠시 쉬었다가 내 눈을 보며 말을 이었다.

"세상엔 결혼해서 아이 낳고…… 아이들과 그 부모로 이루어진 관계만을 가족이라고 부르진 않아. 그런 혈연 관계만이 가족은 아니라는 거지. 우리처럼 내가 꼭 너를 낳지 않았어도 한 가족으로 묶일 수 있는 거잖니. 나는 순미 너와 친엄마와 딸, 그 이상으로 좋은 엄마, 좋은 딸로 지내고 싶어. 이제는 내가 너의 엄마니까."

그런 얘기를 듣는 순간 나도 모르게 눈물이 나왔다. 새엄마라고 거리를 두고 있었던 것, 새엄마의 진심을 지금까지 알아주지 않은 것이 후회스럽고, 새엄마의 몸이 이렇게 되도록 딸인 내가 몰랐다는 것도 너무 미안했다.

"친하고 싶었는데…… 이상하게…… 그게 잘 안 됐어요. 흑 흑흑…… 옛날부터 나도 엄마가 갖고 싶었는데…… 엄마가 생 겼는데도……."

말을 하다 보니 눈물이 계속 나와 말을 더 이을 수가 없었다.

"그래그래, 네 마음 다 알아. 내가 먼저 너에게 다가갔어야 하는 데, 그렇지 못했어, 미안해. 그렇지만 나로서도 생각이 많았단다. 외국에 나가서 고생하시는 너희 아빠랑 지금 우리집 형편을 생각 하면 마음이 급했어. 아무리 그래도 너를 먼저 생각했어야 했는 데…… 나도 잘못이었어. 이제 알았으니 됐다. 시간이 쌓이면서 우리 모녀의 정도 차곡차곡 쌓일 거야. 친엄마와 딸보다 더 많 이…… 그렇지?"

새엄마의 말을 듣고 있으니 감정이 더 복받쳤다.

"엄, 마……."

나는 처음으로 '엄마' 라고 불렀다.

"그래."

새엄마가 기쁜 웃음을 지으며 대답했다. 내가 부른 호칭이 너무 좋았나 보다. 새엄마 아니, 엄마도 내심 그렇게 불러 주기를 바랐

던 것일까?

"엄마!"

한 번 부르고 나니 두 번은 이렇게 쉽게 나오는 것을, 뭐가 그리 어려웠을까. 엄마…… 내 입에서 처음 나온 단어였다. 그냥 시니피앙으로서의 엄마가 아니라 시니피에로서의 엄마.

그래, 데리다는 시니피에를 생각하지 말라고 했지. 그렇지만 나는 지금 이 순간 온갖 의미가 담긴 엄마라는 단어를 부른다.

나의 엄마.

6 리나도 안 부러워

아침에 일어나니 비가 쏟아지고 있었다. 그냥 보슬비도 아니고 굵은 빗방울이 좍좍 쏟아지는 것이었다. 비가 내리니 기분이 상쾌했다. 비에 젖은 흙의 향기도 좋았고 먼 산에서 풍겨 오는 젖은 나무 향기도 좋았다. 나는 원래 비 오는 날을 싫어했다. 여기저기 물이 튀고 집이랑 교실이랑 축축하고 눅눅해지고…….

그런데 오늘 이 비는 참 마음에 든다. 기분에 따라서 날씨가 이렇게 달라지다니.

엄마가 대문까지 마중을 나와 손을 흔들어 주어서 그런가? 운동화가 물웅덩이에 빠져 양말까지 젖었는데도 화가 나지 않았다.

나는 우산을 빙글빙글 돌리면서 학교로 향했다.

"정말이야? 엄마라고 불렀단 말이야?"

입이 근질거렸던 나는 리나를 보자마자 어제의 일을 얘기했다. 말이 끝나기가 무섭게 리나는 호들갑을 떨며 질문 공세를 퍼 부었다.

"그거 봐, 너희 새엄마, 아니 엄, 마! 좋은 사람이라고 했잖아. 얼마나 좋니? 너 얼굴이 아주 환해졌다."

리나는 엄마와 내가 이렇게 된 것이 자기 덕이라는 듯이 고개를 끄덕거리며 말했다. 뭐 리나의 덕이 아주 없다고는 할 수 없긴 하다. 리나네 집을 들락거리며 아줌마에게 좋은 말도 듣고 많은 걸 배웠으니까 말이다.

"참, 너희 엄마는 오늘도 그 릴레이 시윈가 뭔가 하는 데 가신대?"

"아니, 어제 날이 쌀쌀했잖아. 하루 종일 서 있더니 몸살이 났지 뭐야. 아파서 꼼짝 못하겠다고 집에 누워 계신다. 암튼 우리 엄마는 고생을 사서 해요. 돈이 나오는 것도 아닌데 왜 그리 극성인가 몰라."

리나가 속이 상했는지 얼굴을 찡그리며 말했다.

"그래도 너희 엄마 하는 일이 얼마나 의미 있니. 이분법적 사고를 해체하고……."

"야, 야! 그만해라. 진짜 내 머리가 해체되려고 할 지경이야. 그놈의 데리다인지 다리미인지 때문에 머리 아프다, 머리 아파, 더 알고 싶지도 않다 야."

아무래도 엄마가 아픈 것이 속상해서 그런 모양이다. 리나는 일부러 과장되게 툴툴거렸다.

"아 참, 나 너한테 알려줄 빅뉴스 또 하나 있다."

"빅뉴스? 그게 뭔데? 좋은 거야, 나쁜 거야?"

투덜거렸던 건 금방 잊어버리고 리나가 눈을 빛내며 물었다.

"나 언니 된다, 어쩌면 누나."

"뭐? 그게 무슨 말이야! 그럼 동생이라도 생긴다는 거야?"

역시 리나는 머리가 좋다니까.

"그래, 엄마가 아기 가졌대. 곧 내 동생이 태어날 거야. 나 너무 기대돼. 이왕이면 여자 동생이면 좋겠어. 남자 동생도 싫은 건 아니지만…… 기왕이면 쌍둥이면 더 좋겠다, 그치?"

"이야…… 넌 진짜 좋겠다. 나도 동생 갖고 싶어서 엄마한테 5년째 조르고 있는데 소용이 없어. 내 참, 우리 엄마는 도대체 뭐니? 누군 엄마가 되자마자 동생도 턱 만들어 주는데, 우리 엄마는 그깟 소원 하나 안 들어주고. 너무 하지 않니?"

정말 부러운지 리나가 계속 투덜거렸다. 나는 리나의 하는 양이 우스워 키득거리며 듣고 있었다.

"참! 나중에 너 쌍둥이 동생 태어나면 나 하나 주라. 내가 잘 돌봐줄게. 외동딸 하기 너무 심심하단 말이야."

"동생이 달라면 주는 물건이냐?"

리나는 나의 빅뉴스에 정말 부러워하는 것처럼 보였다. 지금 리나의 부러움이, 내가 리나의 엄마를 보고 부러워했던 그만큼일까? 하지만 뭐, 지금 나는 리나에게 부러운 게 없다. 엄마도 있고, 곧 동생도 생기고…… 아, 딱 한 가지 부러운 게 있긴 하다. 리나의 구불구불한 긴 머리. 하지만 그것도 곧 따라잡을 수 있을 거다. 지금 머리를 열심히 기르고 있는 중이니까. 어깨까지만 자라면 엄마가 파마를 해 준다고 약속했다. 리나처럼 구불구불한 긴 파마. 처음 봤을 때의 엄마처럼 멋진 파마. 머리카락아, 어서 어서 자라거라!

말과 글

　데리다는 시니피에 때문에 시니피앙의 원래 모습을 볼 수 없다고 했습니다. 그래서 다른 것과 연관시켜 이해하는 글을 해체해야 한다고 생각했죠. 그런데 여러분은 시니피에 없는 시니피앙이 가능하다고 생각하나요?

　어느 것이 먼저인지 알 수 없다는 의미를 가진 말 중에 '닭이 먼저인가 아니면 달걀이 먼저인가' 하는 수수께끼가 있습니다. 과연 무엇이 먼저일까요? 그럼 말과 글은 어떨까요? 말이 먼저 생겼을까요? 아니면 글이 먼저 생겼을까요? 어려운 문제죠? 그런데 고대 그리스 사람들은 이 문제의 해답을 아주 간단하게 찾았습니다.

　여러분은 구연동화책이 무엇인지 알죠? 맞아요, 옛날부터 입에서 입으로 전해 내려오던 이야기를 책으로 만든 것이랍니다. 그렇다면 분명히 말이 먼저 있었을 테고, 그것이 나중에 글자로 바뀌었겠죠. 고대 그리스 사람들은 글은 말을 다시 나타내는 것이라고 생각했습

니다. 이러한 생각이 오늘날의 사상에까지 영향을 미치고 있다고 데리다는 생각했어요.

고대 그리스에서 말을 중요하게 생각한 이후, 서양 사람들의 생각에 따르면 말이 먼저이고 글은 그 다음입니다. 즉 순서로 볼 때, 말이 먼저 있었고, 글이 나중에 만들어졌다는 것이죠. 데리다는 이런 말과 글에 대한 생각을 '해체'해야 한다고 주장한 것입니다. 고대 그리스 때부터 사람들이 변함없이 생각해 온 말과 글에 대한 순서를 해체해야 한다고 주장한 것입니다. 글은 단지 말을 다시 표현하기 위해 있는 것이라고 믿고 있는 서양 사람들의 생각이 잘못되었다고 데리다는 주장합니다. 그리고 글이야말로 사람의 생각을 전하는 중요한 수단이라고 생각했습니다.

데리다가 말과 글의 순서 체계를 해체해야 한다고 주장한 이유는 같은 사물이라도 말을 할 때와 글로 쓸 때는 분명히 차이가 있다고 생각했기 때문입니다. 여러분은 호수에 비친 그림자를 본 적이 있나요? 호수에 비친 그림자와 진짜의 사물과는 다르겠죠? 즉 호수에 비친 구름, 하늘, 나무 등과 같은 것은 실재의 구름, 하늘, 나무와는 분명히 차이가 있습니다.

마찬가지로 말을 글로 표현했을 때, 무엇이 더 진짜에 가까울까요? 말일까요? 아니면 글일까요? 데리다는 진짜에 가까운 것은 글이라고 생각했습니다. 말은 단지 물에 비친 그림자와 같은 것이라고 보았죠. 그림자는 허상이고 그 그림자의 근원인 물체는 글이라고 본 것이죠. 즉, 데리다는 글자가 더 중요하다고 생각했던 것입니다.

이렇게 말과 글의 잘못된 관계를 해체하면 진짜인 글이 나타나게 된다고 보았습니다. 그리고 그 말을 중심으로 우리는 다시 생각해야 한다고 주장했습니다.

천천히 다시 이야기해 볼까요? 데리다는 글자가 없으면 어떤 사물을 가리키는지 모른다고 말했어요. 우리가 존재한다고 생각하는 사물은 모두 우리의 생각이고 착각이기 때문에, 그런 사물은 단지 환상일 수 있다는 것입니다.

앞서 예를 들었던 'X' 표시가 된 마스크로 설명해 봅시다. 'X' 표시의 마스크는 침묵만을 의미할까요? 동생에게 감기가 옮든 말든 참지 못하고 얘기하는 사람도 있을 것입니다. 각자의 생각에 따라 설명도 달라집니다. 그렇기 때문에 'X' 표시의 마스크 그 자체로 보아야 하는 것이며, 침묵이라는 의미는 환상이라는 것입니다. 이러한 환상도 결국 기호나 글자를 통해서 나타납니다.

기호나 글은 앞뒤 문장을 통해 침묵이라는 의미를 떠올리기 때문이지요. 그래서 데리다는 글자를 문장의 장난이라고도 했습니다. 우리는 글자를 글자로만 이해해야지 다른 것과 연관시켜서 이해하면 안

된다는 것입니다.

　그렇게 다른 것과 연관시켜 이해하는 글자를 해체하고, 글자 그대로 받아들여야 한다고 데리다는 말했습니다. 즉 시니피앙으로만 봐야지, 시니피에의 의미를 갖고 글자를 보면 안 된다는 것입니다.

"순미야, 반가운 선물이 있다."

집에 들어가자마자 엄마가 말했다.

"반가운 선물이오?"

선물이라는 말에 귀가 번쩍 뜨였다. 뭐든지 선물이라고 하면 기분이
좋아지는 법이니까 말이다.

"아빠가 편지를 보냈어. 엄마한테 한 통, 너한테 한 통. 사생활 보호를
위해 네 편지는 읽지 않았어. 자, 여기."

그러면서 엄마가 편지지 하나를 건넸다. 아빠와 그동안 전화 통화는
몇 번 했지만 편지는 처음이었다.

나는 내 방으로 들어와 방문을 닫았다. 아빠가 앞에 있는 건 아니지만
아빠의 편지를 읽으면, 꼭 우리 둘만 있는 것 같은 기분이 들 것 같았다.
나는 편지지를 펼쳤다.

사랑하는 딸 순미야!

아빠가 네 옆에 있어 줘야 하는대 이렇게 멀리 잇어서 미안하구나.

엄마에게 너를 맡기고 돈을 벌려고 떠나 있는 마음이 아빠도 좋지 않다.

엄마 말로는 네가 꿋꿋하고 착하게 잘한다고 하더군아.

엄마 말이 사실일 거라고 믿는다.

아빠가 못나서 너 어릴 때부터 고생시키고, 엄마도 업시 자라게 했꾸나.

네가 속 깊고 의젓해서 그런 것들 내색 않고 잘 자라줘서 고맙다.

지금은 비록 멀리 떨어저 있지만 이제 너에게는 아빠도 잇고 엄마도 잇으니 아무 걱정하지 말고 지내라. 아빠도 어서 일 끝내고 돌아갈 테니, 그때 우리 재미있게 살자꾸나.

공부 열심히 하고, 엄마 말씀 잘 듣고 있거라.

참, 곧 네 동생도 태어날 터인데, 순미가 누나 노릇도 잘하겠지?

그럼 건강히 빠이빠이.

아빠의 편지는 군데군데 철자도 틀리고 말도 좀 어색한 것 같았다. 아빠가 외국에 나가 있어서 맞춤법을 잊어버렸나?

그렇지만 맞춤법이 틀린 아빠의 편지는 마음의 맞춤법으로 읽혀졌다. 읽고 또 읽어도 다시 읽고 싶었다. 처음으로 받은 아빠의 편지에는 행마다 아빠의 진심이 담겨 있었기 때문이었다. 나는 편지지를 내가 제일 좋아하는 《빨간 머리 앤》 책 사이에 끼워 넣었다. 생각해 보니 이 책 덕분에 좋은 일이 연달아 생긴 것 같다. 다이애나를 닮은 리나를 만났고, 리나의 엄마를 만났고, 새엄마가 아닌 나의 엄마를 만났고, 동생을 만날 것이고…….

그런 생각을 하다가 문득 아빠의 편지 문구 중 한 구절이 생각났다.

"엄마, 제 동생 남자예요?"

뜬금없는 내 질문에 엄마가 의아한 표정을 지었다.

"아니, 아빠가 그러던걸요. '누나 노릇 잘 하겠지?'라고요. 남동생으로 결정난 거예요?"

내 말에 엄마가 푸훗 웃음을 터뜨리며 대답했다.

"아직은 몰라. 그런데도 너희 아빠는 한사코 사내 아이일 거라고 믿는구나. 아니면 나중에 얼마나 실망하려고 그러는지 원…… 호호호."

아빠도 참, 남자 동생으로 정해진 건 아니었잖아? 아빠는 실망일지 모르지만 나는 희망이다. 나는 여자 동생이 더 좋으니까! 동생아, 우리 어서 만나자꾸나.

통합형 논술
활용노트

01 순미가 처음 전학을 왔을 때, 친구들의 '이리 나오너라!' 하는 소리에 어리둥절해 했습니다. 이 말이 친구 리나를 놀리는 말이라는 사실을 순미는 나중에야 알게 됩니다. 이처럼 학교에서는 이름으로 친구를 골탕 먹이는 학생들이 많습니다. 만약 여러분들이 이름 때문에 친구들로부터 놀림을 당한다면, 여러분은 어떻게 행동할지 자신의 생각을 자유롭게 적어 보세요.

02 고대 그리스 이후 '말이 글보다 먼저' 라는 생각이 굳어졌다고 합니다. 그러나 데리다는 그것을 해체해야 한다고 주장합니다. 비슷한 것으로 '닭이 먼저인가? 아니면 달걀이 먼저인가?' 하는 질문이 있습니다. 어떤 것이 먼저인지 여러분들의 생각을 자유롭게 적어 보세요.

03 순미와 리나의 담임선생님은 무뚝뚝하고 엄하기로 유명합니다. 여러분의 담임선생님은 어떤 분입니까? 또 여러분은 어떤 담임선생님을 좋아하나요? 여러분의 생각을 적절한 이유를 들어 설명해 보세요.

04 글로 쓴 모든 것은 글을 아는 사람만 읽을 수 있고 이해할 수 있습니다. 외국어의 경우는 외국어를 모르면 전혀 이해하지 못합니다. 그러나 기호로 나타낸 것은 글을 모르는 사람도 약속된 기호의 의미만 알고 있다면, 모든 기호를 전 세계 어디에서나 이해할 수 있습니다. 기호의 장점을 사례를 들어 설명해 보세요.

05 데리다는 시니피앙과 시니피에를 설명하면서 시니피에에 관한 여러 가지 선입견을 버리고 시니피앙만 받아들이라고 했습니다. 하지만 시니피에 없이 시니피앙을 받아들일 수 있을까요? 데리다의 이런 생각에 여러분이 반론을 제기한다면, 어떻게 할 수 있을까요? 여러분의 생각을 자유롭게 논술해 보세요.

01 얼마 전에 유행한 개그 중에 '닥 쳐!' 닭을 왜 쳐!' '닭!' 이라는 것이 있었습니다. 처음 이 말을 들었을 때 '이 것이 무슨 개그야' 하고 생각했습니다. 하지만 곰곰이 생각해 보니 이 개그야말로 단어는 다르지만 발음이 같은 언어를 이용해 만든 좋은 개그라고 생각했습니다. 이렇게 단어는 다르지만 발음이 같은 것을 이용해 개그를 하기도 하지만, 친구를 골탕 먹이는 말을 만들어 내는 사람도 있습니다.

이런 것과는 다르지만 다른 뜻을 가진 단어들을 이용해 친구를 골려 주는 학생도 있습니다. '이리 나오너라!' 와 같이 말입니다.

같은 단어가 여러 가지 뜻을 가진 말은 참 많습니다. 리나는 순미에게 자신의 미안한 마음을 사과를 주는 것으로 표현하고 있습니다.

만약 친구가 나의 이름을 갖고 놀린다면, '리나' 처럼 처음에는 화가 날 것입니다. 하지만 나를 표현하는 또 다른 하나의 다른 이름이라고 생각하면 친구들의 놀림에 화만 낼 일은 아니라고 생각합니다. 그만 큼 친구들이 나에 대해 관심을 갖고 있다고 생각하면 '리나' 처럼 마음이 편안해질 것입니다.

요즘은 개성 시대라고 합니다. 각자의 개성이 필요하다고 생각합니다. 이름 역시 남들과 같지 않은 것을 가진 것도 개성의 하나라고 생각합니다. 만약 나의 이름이 '리나' 처럼 친구들의 놀림이 될 수 있는 이름이라면, 친구들의 관심도 받고, 개성 있어 보여 더 좋다고 생각하도록 노력할 것입니다.

02 고대 그리스 사람들은 말이 먼저 생기고 나중에 글이 생겨났다고 했습니다. 이후 이 생각은 불변의 진리인 것처럼 받아들여졌고, 지금까지도 많은 사람들이 이렇게 생각하고 있습니다. 하지만 데리다는 이런 생각이 잘못되었으며 해체해야 한다고 주장했습니다.

'닭이 먼저인가? 아니면 달걀이 먼저인 가?' 에 대한 답변도 우리만의 관점이나 생각에 따라 다를 수 있습니다. 구연 동화 책의 예를 들어 글보다 말이 먼저라는 생각을 우리는 굳혔습니다. 입에서 입으로 구전되던 동화가 글자로 나와 알려진 것이 바로 구연 동화책이기 때문입니다.

다른 예를 들어볼까요? 《성경》 책에 보면 하나님이 모든 것을 창조했다고 합니다. 그리고 영국의 과학자 찰스 다윈은 세상의 모든 것은 진화되었다고 주장했습니다.

이 두 입장을 갖고 닭과 달걀의 관계를 설명하면 답이 나올 것 같습니다. 《성경》에 의하면 하나님은 아담과 이브를 창조하고 모든 만물을 창조했다고 합니다. 그렇다면 하나님은 닭과 달걀 중 어떤 것을 창조했을까요? 노아는 모든 짐승을 암수 두 마리씩 배에 실었다고 했습니다. 이런 점에서 본다면 아마도 닭이 달걀보다 먼저 생겨난 것이 아닐까 생각합니다.

그러나 진화론을 주장한 과학자 다윈의 생각은 다릅니다. 다윈은 창조가 아니라 모든 사물들은 진화되었다고 주장합니다. 그리고 진화란 하등 동물에서 고등 동물로 발전합니다. 닭과 달걀 중 어떤 것이 더 고등 동물인지 우리는 너무나 잘 알고 있습니다. 당연히 닭에 비하면 달걀이 하등 동물입니다. 그렇다면 달걀이 먼저 생겨나고 그 달걀에서 병아리가 부화되었겠

죠. 그리고 그 병아리가 자라 닭이 되었을 것입니다.

'닭이 먼저인가? 아니면 달걀이 먼저인가?' 하는 문제는 어떤 점을 중요하게 생각하느냐에 따라 답이 달라진다고 볼 수 있습니다. 다윈의 입장을 따라 진화론에 초점을 맞추는 사람은 달걀이 닭보다 먼저 생겼다고 주장할 것입니다. 반면 창조론을 믿는 사람은 당연히 닭이 먼저 창조되고 그 닭이 낳은 것이 바로 달걀이라고 말할 것입니다.

03 '여자는 약하고 어머니는 강하다'라는 말이 있습니다. 저는 이 말처럼 여성의 가장 큰 장점은 모성애에 있다고 생각합니다. 어머니들은 자식이 위급한 상황에 빠졌을 경우, 자기 자신도 모르게 특별한 힘을 발휘하게 된다고 합니다. 이러한 현상은 어떠한 과학적인 이론으로도 설명할 수 없는 신비한 힘입니다. 또한 모성애는 진정한 배려와 보살핌에서 비롯된 부드러움이라고 생각합니다. 어머니가 자식을 바라보는 표정에는 그 누구도 흉내

낼 수 없는 따스한 이해와 사랑이 묻어납니다. 그러므로 모성애에는 강함과 부드러움이 함께 존재한다고 할 수 있고 이는 여성만이 가질 수 있는 장점이라고 생각합니다.

04 얼마 전 우리나라와 미국 사이의 자유무역협정인 FTA가 타결되었다고 합니다. 이 타결이 있기 전까지 우리나라의 많은 사람들은 FTA 반대 시위를 하였습니다. 심지어 어떤 사람들은 미국 국회의사당 앞에서도 시위를 하였습니다. 그들이 시위하는 모습을 미국 시민들이 보았으며, 미국의 신문이나 텔레비전에서도 방영되었습니다.

데모에 참여한 우리나라 사람들 중에는 영어를 못하는 사람도 있었을 것입니다. 그런데 어떻게 미국까지 가서 데모를 할까 무척 궁금했습니다. 영어 잘하는 사람만 미국에 가서 데모를 한다는 생각도 했습니다.

그런데 그들이 미국에서 시위하는 모습을 우연히 텔레비전을 통해서 보게 된 이후 이런 생각이 모두 사라졌습니다.

텔레비전에 비친 FTA 반대 시위단은 미국 국회의사당 앞에서 많은 피켓을 들고 있습니다. 그 피켓에는 'FTA'라고 큼지막하게 영어 알파벳이 쓰여 있었고, 그 글 위에 X 표시를 하였습니다. 영어를 잘 모르는 사람도 금방 그 뜻을 이해할 수 있을 것이라는 생각이 들었습니다. 그리고 그들은 모두 마스크를 끼고 있었으며, 마스크에도 검은색으로 'X' 표시가 되어 있었습니다.

이 두 가지 기호를 보더라도 모든 사람이 '나는 FTA를 반대하며, 더 이상 할 말이 없습니다'라는 뜻임을 분명히 알 수 있을 것입니다. 그렇기 때문에 말을 사용하는 것보다 기호를 사용하는 것이 언어를 전달하는 데 있어 유리한 장점이 있다고 생각합니다.

05 이 책에서는 대한민국의 아줌마와 머리 모양에 관해서 순미가 생각한 얘기가 나옵니다. 순미는 짧고 곱슬곱슬한 파마 머리를 곧 아줌마 머리라고 생각하였습니다. 순미는 그런 파마 머리를 통해 아줌마라는 선입견을 가진 것이죠.

그리고 순미는 새엄마에 대한 선입견도 있습니다. 〈신데렐라〉나 〈콩쥐 팥쥐〉 같은 동화를 통해 우리는 새엄마에 대한 나쁜 선입견을 갖고 있습니다. 이 동화들은 모두 새엄마는 나쁜 사람으로 표현하고 있습니다. 하지만 모든 새엄마들이 나쁜 것은 아닙니다.

순미처럼 부모님이 헤어져 고모나 이모와 함께 사는 친구를 우리는 주위에서 종종 봅니다. 우리는 새엄마는 나쁜 사람이라는 시니피에를 갖고 있습니다. 이렇게 본다면 데리다의 주장처럼 우리는 모든 것을 시니피에를 통해 시니피앙을 파악하는

지도 모르죠. 즉 동화에서 본 나쁜 새엄마를 통해 새엄마라는 단어를 배우는 것이죠.

하지만 시니피에 없이 어떻게 시니피앙을 이해할 수 있겠습니까? 시니피에가 잘못 이해되는 것을 막고자, 데리다는 시니피에 없이 시니피앙을 보라고 했습니다. 하지만 시그니피에 없이 시그니피앙만 받아들인다는 것은 불가능할 것 같습니다. 왜냐하면 우리는 많은 것을 경험을 통해 새로운 사실을 알게 되기 때문입니다. 그러므로 시니피에 없이 시니피앙을 받아들인다는 것은 불가능하다고 생각합니다.